AF825032

AUSGEWÄHLTE DOKTORDISSERTATIONEN
DER
LEIPZIGER JURISTENFAKULTÄT.

DER ZWANGSVERGLEICH.

EINE CIVILPROCESSUALE ABHANDLUNG.

Von

Dr. jur. FELIX WACH.

LEIPZIG,
VERLAG VON VEIT & COMP.
1896.

Nach der für die Leipziger Juristenfakultät bestehenden Promotionsordnung ist die Drucklegung der Dissertation keine Vorbedingung der Promotion, und die Fakultät hat die Überzeugung, daß eine Prüfungsarbeit gut und ein vollgültiges Zeugnis der wissenschaftlichen Bildung ihres Verfassers sein kann, ohne daß ihr der allgemeine Wert zukommt, welcher ihre Veröffentlichung wünschenswert macht.

Doch hat die Fakultät es stets als einen Übelstand empfunden, daß eine nicht unbedeutende Zahl von ihr approbierter Dissertationen, welche die Wissenschaft fördern, theils gar nicht zum Druck gelangen, theils ohne Bezeichnung ihrer Eigenschaft als Doktorschrift veröffentlicht worden sind. Daher ist die Einrichtung getroffen worden, daß derartige Dissertationen unter den Auspizien der Fakultät veröffentlicht werden können. Die Thätigkeit der Fakultät wird sich dabei auf die Feststellung der Druckwürdigkeit beschränken; sie übernimmt keine Verantwortung für den Inhalt im Einzelnen.

Die Arbeiten erscheinen in selbständigen Heften und sind einzeln verkäuflich.

Leipzig, im Juli 1893.

Die juristische Fakultät:
Dr. J. E. Kuntze,
d. z. Dekan.

AUSGEWÄHLTE DOKTORDISSERTATIONEN
DER
LEIPZIGER JURISTENFAKULTÄT.

DER ZWANGSVERGLEICH.

EINE CIVILPROZESSUALE ABHANDLUNG.

Von

Dr. jur. FELIX WACH.

LEIPZIG,
VERLAG VON VEIT & COMP.
1896.

Druck von Metzger & Wittig, Leipzig.

Inhalt.

I. Einleitung.

§ 1. Allgemeines.

„Der Entwurf sieht das Vergleichsverfahren nicht als ein Ausnahmeverfahren, sondern als eine sehr wünschenswerte und jedenfalls regelmäßige Art der Beendigung des Konkurses an."[1] Dieser Ausspruch des Regierungsrates Hagens zeichnet klar den Standpunkt des Entwurfes und des Gesetzes dem Akkorde gegenüber. Er bezeichnet ihn als eine sehr wünschenswerte Art der Beendigung des Konkurses, also nicht ein Mittel zur Abwendung desselben (kein Praeventivakkord).[2] Der Abschluß eines Zwangsvergleiches liegt im Interesse der Gläubiger, des Schuldners und der Allgemeinheit.[3] Die Feststellung der Quote auf dem Wege des Vergleiches „führt eher und besser zum Ziele", als die Durchführung des Konkursverfahrens. „Vorzüglich am Platze ist ein Vergleich, wenn im einzelnen Falle ein erhebliches Vermögensstück nicht oder schwer einbringlich erscheint, oder, wenn Zweifel und Streit über das Bestehen oder die Art erhobener Ansprüche die Höhe der Befriedigungsquote ungewiß machen." An Stelle der sich oft lange hinziehenden, sehr kostspieligen Durchführung des Verfahrens und der dadurch unumgänglich eintretenden Verringerung der Masse und dementsprechend der Dividende, bringt ein Akkord den ungesunden Zustand der Zahlungsunfähigkeit des Schuldners auf die schnellste und für alle Teile vorteilhafteste Art zur Erledigung. Er verschafft dem Cridar die Verfügung über sein Vermögen und giebt ihn damit der freien Geschäftsthätigkeit zurück. Dies liegt sicherlich sowohl im Interesse

[1] Protokolle der zur Vorberatung der Konkursordnung gewählten Kommission des deutschen Reichstags S. 113.

[2] So Belgien. Gesetz vom 20. Juni 1883.

[3] Das Folgende nach den Motiven II. Band. S. 125 f.

des Schuldners, der die Möglichkeit gewinnt, sich auf dem Grunde seines alten Geschäftes wieder empor zn arbeiten, der außerdem hoffen darf, dank des ihm gewährten Erlasses, in absehbarer Zeit seiner Schulden ledig zu werden, als in dem der Gläubiger, die erwarten können, durch neue Geschäftsverbindungen mit dem Cridar ihre Verluste auszugleichen, und die in der Wiedereinsetzung des Schuldners in sein Vermögen eine Gewähr für die Einhaltung der im Akkord versprochenen Raten seitens desselben erlangen. Nicht zu übersehen ist der Umstand, daß im Falle eines Akkordes sich häufig zahlungsfähige Dritte, die an dem Wohlergehen des Gemeinschuldners Interesse, sei es verwandtschaftlicher, sei es geschäftlicher Natur, haben, bereit finden lassen werden, ihrerseits durch Bürgschaft, durch selbständige Übernahme eines Teiles der Akkorddividende oder auf andere Art, Opfer zu bringen. Schließlich hat auch die Allgemeinheit ein Interesse daran, daß die durch den Konkurs entstandene Verkehrsstockung, die natürlich niemals auf die Person des Schuldners beschränkt bleibt, sondern beispielsweise im Falle des Konkurses einer großen Fabrik, oft die weitesten Kreise in Mitleidenschaft zieht, schnell unter möglichster Wahrung der bisherigen Verhältnisse gehoben wird.

Es liegt aus allen diesen Gründen im Interesse sämtlicher Beteiligten, unter Vermeidung der komplizierten Maschine des ordentlichen Verfahrens den Konkurs durch Zwangsvergleich zu beendigen, wenn auch natürlich die Anwendung deselben nicht, wie der Weg der Schlußverteilung in allen Fällen möglich erscheint. So hat denn auch in neuerer Zeit die Form der Beendigung des Konkurses durch Akkord eine ganz eminente Bedeutung gewonnen. Den besten Eindruck von derselben erhält man durch einen Blick auf die Justizstatistik.[1] Es sind in den letzten Jahren im deutschen Reiche von je 100 nach vorgängiger Konkurseröffnung beendeten Konkursverfahren erledigt:

	1887	1888	1889	1890	1891
durch Schlußverteilung:	56 %	57 %	57 %	57 %	57 %
durch Zwangsvergleich:	27 %	26 %	26 %	25 %	25 %
auf andere Art:	17 %	18 %	17 %	18 %	18 %.

Es zeigt sich also, daß mindestens ein Viertel sämtlicher Konkurse ihre Beendigung durch Zwangsvergleich finden.[2] Diese Zahlen allein genügen zum Beweise der großen Bedeutuug, welche der Zwangsvergleich im Rechtsleben einnimmt.

[1] Deutsche Justizstatistik. Bearbeitet vom Reichsjustizamt. VI. Jahrgang Berlin 1893.

[2] Eigentümlich ist, daß, während sich die Prozentsätze für das Reich stets auf der gleichen Höhe (ca. 25 %) halten, innerhalb der einzelnen Oberlandesgerichts-

§ 2. Historischer Überblick.

Die erste Spur eines Nachlaßvertrages findet sich im römischen Rechte l. 7 § 17—19, l. 10 pr. D. de pactis 2,14, l. 23 D. quae in fraud. cred. 42, 8, l. 58, 2, D. mand. 17,1. Es handelt sich hier um den Fall, daß ein Erbe vor Antritt einer verschuldeten Erbschaft mit den Gläubigern den Vertrag schließt, „ut minus solvatur". Man gab dem Erben der Mehrforderung eines Gläubigers gegenüber die exceptio pacti, resp. exceptio doli. An dieses pactum schloß sich die früheste Form des Zwangsvergleiches an. Marc Aurel hat für den Fall, daß die Majorität der Gläubiger einem Erlasse geneigt ist, bestimmt, der Prätor solle durch ein Dekret die Minorität zwingen, sich dem Schlusse der Mehrheit zu fügen. Hier tritt zum ersten Male das entscheidende Moment des Zwanges auf. Wenn es auch noch der Spruch des Prätors ist, der als Dekret den Erlaß bewirkt, so beruht dieser doch bereits auf dem Majoritätsbeschlusse. Ja, es findet sich sogar schon die Neigung, diese Form der Erleichterung für den Schuldner zu begünstigen, da l. 8 D. de pact. 2, 14 bestimmt, daß im Falle völliger Gleichheit beider Ansichten auf Seiten der Gläubiger „humanior sententia", das heißt: diejenige Ansicht, die sich für den Erlaß ausspricht, von dem Prätor zu wählen sei. Derselbe Gedanke ist in c. 8 qui bon. ced. poss. 7, 71 ausgesprochen. Es ist zwar an dieser Stelle nur von dem Falle der Stundung die Rede, jedoch bereits von dem speziellen Falle der Erbschaftsantretung abstrahiert, und wird allgemein gesagt, daß, wenn sich einem Schuldner gegenüber, der zur cessio bonorum bereit ist, eine Gläubigermajorität für die Stundung finden läßt, eine quinquennii dilatio zu gewähren sei. Auch hier soll im Falle der Gleichheit, sowohl der Summen als der Kopfzahl, die mildere Ansicht, welche die Stundung bewilligt, durchdringen. Die gleiche

---

bezirke die größten Schwankungen zu verzeichnen sind; so ist Berlin von 48 % in den Jahren 1881/85 auf 32 % im Jahre 1891, Braunschweig von 35 % auf 11 % gesunken, während Kiel von 12 % auf 23 % und Frankfurt a. M. von 21 % auf 27 % gestiegen ist. Andrerseits ist eine große Verschiedenheit zwischen den einzelnen Oberlandesgerichtsbezirken in bezug auf die Häufigkeit des Zwangsvergleiches zu bemerken; während Marienwerder und Königsberg im Jahre 1891 46 % aller eröffneten Konkursverfahren durch Zwangsvergleich erledigten, geschah dies in Braunschweig nur mit 11 %, in Stuttgart gar nur mit 7 %. Diese Erscheinung hat ihren Grund in einem häufigen Vorkommen außergerichtlicher Einigungen der Gläubiger und darauf beruhender Einstellungen auf Grund des § 188 K.-O. in den letzteren Bezirken. Daher die Erscheinung, daß die Rubrik, die Beendigung „auf andere Art", als durch Schlußverteilung oder Zwangsvergleich anzeigt, gerade bei diesen Bezirken besonders stark ist.

Tendenz findet sich in der durch l. 4 Cod. de pac. 1, 19 dem Princeps zugesprochenen Befugnis, ein moratorium zu gewähren.[1] Die Majorität ist in allen Fällen in erster Linie eine Summenmajorität, erst in zweiter Linie, nämlich bei Gleichheit der Summen, eine Majorität der Kopfzahl.

Es findet sich demnach der Stundungsvergleich ganz allgemein, der Erlaßvergleich nur für den speziellen Fall der Antretung einer überschuldeten Erbschaft zur Vermeidung der bonorum venditio und damit der diminutio famae des Erblassers. In Anknüpfung an diese beiden Fälle, besonders an den letzteren, hat sich in Italien gewohnheitsrechtlich das Institut des Zwangsvergleiches herausgebildet. Der grundlegende Gedanke war, dem Schuldner die Übernahme der Erbschaft und damit die Begleichung der Erbschaftsschulden zu erleichtern. Nun war allerdings in dem von Justinian aufgestellten Falle für die Gläubiger ein starker Sporn darin zu finden, daß ohne Erbschaftsantretung ein Schuldner für sie gar nicht vorhanden war, sie also um jeden Preis, selbst um den eines Nachlasses an ihren Forderungen suchen mußten, einen Schuldner zu erhalten, an den sie sich halten und von dem sie wenigstens einen Teil ihrer Forderungen einziehen konnten. Ähnlich lag der Fall bei der cessio bonorum, hier war zwar ein Schuldner vorhanden, derselbe wollte aber durch die cessio seiner Verpflichtungen ledig werden, den Gläubigern die Sorge für die Beitreibung ihrer Forderungen aufwälzen. Dies wollten die Gläubiger durch die Gewähr einer Stundung verhindern. Wie nun, wenn der Schuldner flüchtig geworden ist? Auch in diesem Falle stehen die Gläubiger vor der Frage, wie sie den Schuldner zur Rückkehr bewegen, um damit sich selbst das Beitreiben ihrer Forderungen zu erleichtern. Das geschah am besten durch einen Erlaß an den Forderungen, der dem Schuldner die Möglichkeit einer Tilgung seiner verminderten Schulden und einer Fortsetzung seines Geschäftes in Aussicht stellte. Dies ist der Punkt, an dem die Weiterentwickelung des Zwangsvergleiches einsetzte. Wenn auch die Glossatoren und Postglossatoren sich gegen eine analoge Ausdehnung der römischen Vorschrift auf den Nachlaßvergleich mit einem entflohenen Schuldner aussprachen, und einen solchen nur anerkennen wollten für den Fall, daß ein zu belangender Schuldner nicht existierte, so hat sich doch frühe in Italien ein dem Zwangsvergleich mit dem flüchtigen Schuldner günstiges Gewohnheitsrecht ausgebildet. Dieses hat in zahlreiche Stadtrechte Eingang gefunden, und auch die italienische

---

[1] Windscheid, Lehrbuch des Pandektenrechtes. VII. Auflage Stuttgart 1891. Bd. II. p. 72. § 275. Nr. 2.

Doktrin hat von dem Gedanken aus, daß im Falle der Flucht, ähnlich wie in dem der noch nicht angetretenen Erbschaft, ein Schuldner nicht vorhanden sei, schon im 15 Jahrhundert sich dem herrschenden Gewohnheitsrecht gefügt.[1]

Von Italien aus ist das Zwangsvergleichsverfahren nach Frankreich übergegangen, wo es erst in der Ordonnance von 1673 und später im Code de commerce von 1807 und in dem Fallimentsgesetz vom 28. Mai 1838 in der Form codifiziert worden ist, die grundlegend wurde für die meisten modernen Gesetzgebungen. Das französische Recht hat Doppelmajorität, einfache Kopf- und dreiviertel Summenmajorität (Code art. 519, Fall.-Ges., art. 507, 2), Unterzeichnung des Vergleiches im Vergleichstermin (art. 522 resp. 509), Ausschluß des Vergleiches mit einem wegen betrügerischen Bankrottes bestraften Schuldner (art. 521 resp. 520), Prüfung und Bestätigung des Vergleiches durch das Gericht (Tribunal de commerce), (art. 525 resp. 513) Anfechtung nach der Bestätigung nur wegen nach derselben entdeckten causalen Betruges (Fall.-Ges. art. 518).

Während die Theorie in Deutschland fast allgemein gegen einen Zwang der Minorität durch die Majorität, als einen Eingriff in wohlerworbene Rechte ankämpfte, und auch einzelne Partikulargesetze mehr oder weniger streng sich auf diesen Standpunkt stellten,[2] hat im allgemeinen das Gewohnheitsrecht und ihm folgend die Gesetzgebung den Akkord zu befördern gesucht. Alle anderen als die unten genannten Gesetze geben dem Vergleich bindende Kraft für die ausbleibenden Gläubiger und die dissentierende Minorität. Auch im gemeinen Rechte ist sowohl Zwangserlaß wie Zwangsstundung zum unbestrittenen Gewohnheitsrecht geworden. Grundlegend für die deutsche Konkursgesetzgebung ist die preußische Konkursordnung vom 8. Mai 1855, während diese hauptsächlich auf dem Code de commerce beruht. Im Folgenden soll das Zwangsvergleichsverfahren nach heute in Deutschland geltendem Rechte dargestellt werden.

---

[1] Fuchs, Das Konkursverfahren. Marburg 1863. p. 80 ff. — Kohler, Lehrbuch des Konkursrechtes. 1891. § 50, 71.

[2] Oldenburgische Hypotheken- und Konkursordnung von 1814, §§ 23, 24, Nassauische Konkursordnung von 1859, § 55. Badische Prozeßordnung von 1864, § 712 (für Nichthandelsleute). Ebenso verlangen die Verordnung für Mecklenburg-Schwerin von 1834, und für Mecklenburg-Strelitz von 1836, die Hannoversche Prozeßordnung von 1850, §§ 609 ff., 626 ff., Lübeck'sche Konkursordnung von 1862, §§ 14 ff., 91 ff., Bayrische Prozeßordnung von 1869, §§ 1316 ff. Zustimmung aller erschienenen Gläubiger, sehen dagegen die Ausbleibenden als durch die einstimmige Annahme seitens der Anwesenden gebunden an.

II. Die Entstehung des Zwangsvergleichs.

§ 3. Die Zeitgrenzen für den Abschlufs.

Der Abschluß eines Zwangsvergleiches wird von der Konkursordnung in § 160 an eine bestimmte Frist gebunden. Der Konkurs muß eröffnet sein. Bis zur Einführung der Konkursordnung war dies Erfordernis nicht wesentlich, es konnte gemeinrechtlich schon vor Eröffnung des Konkurses nicht nur ein Vergleichsvorschlag gemacht, sondern auch der Vergleich endgültig abgeschlossen werden.[1] Das gemeine Recht erforderte als unumgängliche Voraussetzung lediglich die unverschuldete oder auch verschuldete Zahlungsunfähigkeit. Allerdings sollte das Konkursgericht die Überschuldung genügend feststellen;[2] falls dies aber geschehen war, sah man den Zwangsvergleich nicht nur als Mittel zur Beendigung, sondern auch als Präservativ gegen die Eröffnung der Konkurse an. Hiervon ist die Konkursordnung abgewichen, indem sie die Möglichkeit des Akkordabschlusses zeitlich begrenzt.

Sie fordert in § 160, daß vor Abschluß des Zwangsvergleiches der allgemeine Prüfungstermin abgehalten sei.[3] Es muß demnach zwischen der Eröffnung des Konkurses und dem Abschlusse des Vergleiches eine Minimalfrist von vier Wochen liegen (vgl. § 126

[1] So noch heute präventiver Zwangsvergleich z. B. in Belgien, Gesetz vom 20. Juni 1883. Das Schweizer Bundesgesetz über Schuldbeitreibung und Konkurs vom 10/11. April 1889 regelt in §§ 293—316 den präventiven Nachlaßvertrag und giebt in § 317 den Bestimmungen auch Geltung für den Fall bereits erfolgter Konkurseröffnung.

[2] Fuchs, Konkursverfahren. p. 89.

[3] Die meisten modernen Gesetzgebungen stimmen mit der Konkursordnung in dem Erfordernisse der Prüfung der Forderungen vor Abschluß des Akkordes überein. Das französische Fallimentsgesetz art. 507 hat die Bestimmungen des Code, der den Abschluß des Akkordes a toutes les époques de la faillite zuließ, dahin abgeändert, daß er an die „vérification des créances“ und die „réunion des créanciers“ gebunden ist. Traîté des faillites et banqueroutes par Augustin Charles Renouard, Paris 1842, t. II. p. 59. „C'est donc avoir amelioré la legislation antécédente, que de n'avoir permis le concordat qu' après la vérification des créances et la réunion des créanciers“ — p. 60. „Les créanciers qui s'assemblent pour délibérer s'il y aura un concordat, ne peuvent être que les créanciers sérieux et reconnus, c'est-à-dire ceux qui ont passé par l'épreuve de la vérification et de l'affirmation“ etc.

Ebenso Österreich, K.-O. § 207; Dänemark, K.-O. § 103; Belgien, H.G.B., art. 504, 509, 512; Brasilien, H.G.B. art. 842; Chile, H.G.B. art. 1454—1456. Italien, H.G.B. art. 830 dagegen läßt für den Fall, daß Alle zustimmen, den

K.-O.[1]). Indem das Gesetz den Abschluß des Zwangsvergleiches hinter den allgemeinen Prüfungstermin legt, läßt es sehr wohl zu, daß die dem Abschlusse vorausgehenden Vorbereitungen schon vor diesem Termine stattfinden. Der Schuldner kann schon vorher den Gläubigern seinen Vergleichsvorschlag machen,[2] der Gläubigerausschuß kann über den Vergleichsvorschlag beraten, ihn annehmen und den Vergleichstermin anberaumen lassen. Da nun aber der Vergleichstermin nicht über einen Monat hinaus angesetzt werden darf (§ 166 K.-O.), der früheste Termin aber, an dem er stattfinden kann, der Prüfungstermin ist (§ 167 K.-O.), so folgt, daß die Ladung zum Vergleichstermine nicht früher als am Tage nach der Konkurseröffnung erfolgen kann, da zwischen dieser und dem Prüfungstermine mindestens vier Wochen liegen müssen. Es kann nach alledem der Vergleich vor dem Prüfungstermin so weit vorbereitet werden, daß er zur Beratung in dem Vergleichstermine bereit ist; nur abgeschlossen werden darf er nicht vor dem im § 160 K.-O. festgesetzten Zeitpunkte.

Der Abschluß des Vergleiches erfolgt in dem Vergleichstermine. Das geschieht durch Erklärung der Übereinstimmung des Willens der Gläubigermajorität mit dem des Schuldners. Der Akkord ist Vertrag.[3] Daher muß, wie der Prüfungstermin dem Zwangsvergleich vorausgeht, so der Vergleichstermin dem Prüfungstermin folgen. Diesem unabweisbaren logischen Schluß und seiner eigenen Anerkennung in § 160 scheint das Gesetz zu widersprechen, wenn es in § 167 bestimmt, das Gericht könne unter gewissen Voraussetzungen den Vergleichstermin mit dem allgemeinen Prüfungstermin verbinden. Richtig verstanden ist damit gesagt, daß zwar beide Termine auf denselben

---

Akkord in jedem Stadium des Fallimentsverfahrens zu. England, bankruptcy act. art. 18, steht mit der Zulassung des Akkordes auch vor Abhaltung des Prüfungstermins noch auf dem Standpunkte des früheren gemeinen Rechtes. So auch Bolivia Codigo mercantile art. 568 ff. Ägypten, H.G.B. art. 325, fordert eine Frist von 30 Tagen nach der Konkurseröffnung.

[1] K.-O. § 126. Die Frist zur Anmeldung der Konkursforderungen beträgt drei Wochen bis drei Monate. Der Zeitraum zwischen dem Ablaufe der Anmeldefrist und dem allgemeinen Prüfungstermin soll mindestens eine Woche und höchstens zwei Monate betragen.

[2] Der Vorschlag kann auch vor Schluß des Prüfungstermins bei Gericht eingereicht oder zu Protokoll gegeben werden. Geschieht dies, so hat der Gemeinschuldner die Konstatierung der Einreichung zu beantragen, um den Eintritt des durch § 121, 1 K.-O. vorgesehenen Falles sicher zu stellen. (Motive p. 154, Abs. 2.)

[3] Die nähere theoretische Ausführung dieser in der Litteratur zwar nicht unbestrittenen aber doch vorherrschenden und auch vom Verfasser vertretenen Ansicht s. u. Cap. IV. § 12.

Tag angesetzt werden können, aber auf jeden Fall, bevor in die Vergleichsverhandlungen eingetreten werden darf, zuerst der Prüfungstermin abzuhalten ist. Das Gesetz will eben keinen Vergleich zulassen, bevor nicht ex officio die einzelnen Forderungen sowohl ihrem Betrage, wie ihrem Vorrechte nach geprüft sind. Der Zweck ist Schutz der Gläubiger gegen betrügerische Manipulationen sowohl des Schuldners, wie einzelner Mitgläubiger. Es wäre ungerecht, von der Minorität zu verlangen, daß sie sich einer Majorität füge, von der nicht vorher festgestellt ist, daß sie auf ordnungsmäßige Weise wahrheitsgemäß ohne Fiction von Passiven seitens des Cridars oder anderer Gläubiger zu stande gekommen ist. Das Verfahren des gemeinen Rechtes, welches den Zwangsvergleich vor dem offiziellen Prüfungstermin zuließ, verschloß sich dem nicht und suchte dem Bedürfnis durch die Bestimmung gerecht zu werden, daß das Gericht vor Abschluß des Vergleiches die Forderungen zu prüfen hatte. Das aber war ungenügend, da ohne öffentliches Konkursverfahren leicht ein Gläubiger übersehen und wegen mangelnder Anmeldung etc. zum Vergleiche genötigt werden konnte, es also nicht sicher feststand, ob wirklich die Majorität oder nur eine geschickt manöverierende Minorität den Vergleich zu stande brachte. Diesen Unsicherheiten hilft die Konkursordnung durch die Bestimmung des § 160 ab.[1] Die Motive zu dem Entwurf der deutschen Gemeinschuldordnung p. 141 begründen die Bestimmung des § 160 gleichfalls damit, daß dem Akkord die „nötige Grundlage" geschaffen werden solle. Wenn daselbst gesagt wird, „der Zeitpunkt, von welchem ab der Vorschlag und Abschluß eines Akkordes zulässig erscheint, bestimmt sich durch zweierlei Rücksichten," so liegt wohl nur ein Irrtum in der Aus-

---

[1] v. Völderndorff, K.-O. Bd. II. p. 533, Anm. 5, schließt sich im Prinzipe der Auffassung der Motive an. Er kann die Existenz des § 167 nicht leugnen, bezweifelt aber seine praktische Anwendbarkeit. Die Behauptung, daß zum Abschluße eines Vergleiches im Anschlusse an den Prüfungstermin sämtliche Gläubiger, welche Forderungen angemeldet haben, anwesend sein müssten, ist unhaltbar, es ist nur die Anwesenheit der in § 169, 2 erforderten Summenmajorität nötig. Ebensowenig steht die Bestimmung des § 166 „von vornherein jeder Verhandlung entgegen". Warum sollen die nicht bevorrechtigten Gläubiger, welche Forderungen angemeldet haben, nicht vor Abhaltung des Prüfungstermins entsprechend § 166 geladen werden können?! Weiter sagt v. Völderndorff „würde die Niederlegung auf der Gerichtsschreiberei unterlassen werden müssen". Auch diese Behauptung entbehrt der Begründung. Warum „müssen"? Es existiert keine Bestimmung der K.-O., die dem entgegensteht, daß der Vergleichsvorschlag des Schuldners vor dem allgemeinen Prüfungstermin von dem Gläubigerausschuß geprüft und des letzteren Erklärung auf der Gerichtsschreiberei niedergelegt werden. Es ist demnach sehr wohl möglich, daß sofort nach Abhaltung des Prüfungstermins der Abschluß des Akkordes erfolge.

drucksweise vor, denn nicht Vorschlag und Abschluß, sondern nur der letztere ist an den vorausgegangenen Prüfungstermin geknüpft. Ersterer kann, wie zur Genüge aus § 167 K.-O., der die Verbindung des Prüfungs- mit dem Vergleichstermin für zulässig erklärt, erhellt, sehr wohl vorausgehen, ebenso wie die Erklärung des Gläubigerausschusses, die dann beide der Ladung zum Vergleichs- resp. Prüfungstermin beizufügen sind.

Der äußerste Endtermin, bis zu welchem das gemeine Recht den Abschluß des Akkordes gestattete, war der Eintritt der Rechtskraft des Kollokationsurteils.[1] Die Konkursordnung hat als Schlußzeitpunkt die Genehmigung zur Vornahme der Schlußverteilung festgelegt. Daß diese selbst jeden Vergleichsversuch ausschließt, liegt auf der Hand. Wenn die Masse verteilt ist, ist nichts mehr vorhanden, was das Objekt eines Vergleiches bilden könnte. Die meisten Gesetze haben sich bei dieser natürlichen Beendigung der Akkordmöglichkeit beruhigt; die Konkursordnung bestimmt den Zeitpunkt genauer, indem sie als entscheidenden Endtermin den Augenblick erklärt, in dem das Gericht die von dem Gläubigerausschuß beschlossene „Vornahme der Schlußverteilung genehmigt".[2] Es muß also nach dem Wortlaute des Gesetzes der Vergleich geschlossen sein, bevor nach § 149, 2 K.-O., das Gericht die Vornahme der Schlußverteilung genehmigt hat.

Es fragt sich, ob, wenn der Schuldner vor diesem Termin einen Vergleichsvorschlag gemacht hat, die Genehmigung bis zur Entscheidung über den Vorschlag hinauszuschieben ist.[3] Diese Frage ist mit v. Sarwey verneinend zu beantworten. Das Gesetz sagt ausdrücklich in § 148, die Abschlagsverteilung könne auf Antrag des Cridars, wenn dieser einen Zwangsvergleich vorgeschlagen habe, ausgesetzt werden, und spricht durch diese Beschränkung deutlich aus, daß die Schlußverteilung durch den Gemeinschuldner nicht aufgehalten werden soll. Es kann allerdings das Gericht auf einen billigen Vergleichsvorschlag des Cridars die Genehmigung der Schlußverteilung bis zur Erledigung des Vorschlages aussetzen; jedoch ist für die Ansicht, die dies als zwingend annehmen will,[4] eine Stütze

---

[1] Fuchs, Konkursverfahren, p. 89. [2] Motive, p. 142.

[3] So Wengler, Die Konkursordnung für das deutsche Reich.. 1879. p. 608. — v. Wilmowski, Deutsche Reichskonkursordnung. IV. Aufl. Berlin. 1896. p. 421. — Petersen und Kleinfeller, Konkursordnung für das deutsche Reich. III. Aufl. Lahr. 1892. p. 491. — a. M. v. Sarwey, Die Konkursordnung für das deutsche Reich. II. Aufl. Berlin. 1882. p. 772. — Vermittelnd: v. Völderndorff, Die Konkursordnung für das deutsche Reich. II. Aufl. Erlangen. 1885. Bd. II. p. 534.

[4] Petersen und Kleinfeller, p. 492.

im Gesetz nicht zu finden. Der Cridar hat Zeit, seinen Vorschlag rechtzeitig zu machen, er muß wissen, daß der Vergleich durch die Genehmigung zur Schlußverteilung praecludiert wird, darnach hat er sich zu richten. Es liegt kein Grund vor, an dem klaren und deutlichen Willen des Gesetzes (§ 160) etwas zu ändern. Will das Gericht auf den Vorschlag keine Rücksicht nehmen, sondern genehmigt es die Schlußverteilung, so ist damit der Vergleich unmöglich gemacht.

Gegen die Genehmigung des Gerichtes ist nach § 66 K.-O. die sofortige Beschwerde zulässig. Wird sie erhoben, so fragt es sich, ob ein nach der erstinstanzlichen Entscheidung abgeschlossener Zwangsvergleich gültig ist, oder ob seine Gültigkeit von dem Ausfall der zweitinstanzlichen Entscheidung abhängt. Letzteres ist zu bejahen. In dem Falle, daß die zweite Instanz die Schlußverteilung reprobiert, hat eine solche nicht gültig stattgefunden, kann also noch ein Akkord geschlossen werden. Irrig dagegen ist die Ansicht,[1] daß auch die oberinstanzliche Bestätigung der Genehmigung einen in der Zwischenzeit abgeschlossen Vergleich nicht berührt. Es würde damit dem Schuldner ein Ausweg eröffnet, die vom Gesetz gewollte Frist eigenmächtig zu verlängern. Er braucht nur die Genehmigung des erstinstanzlichen Gerichtes anzufechten, und gewinnt damit, mag die Beschwerde auch noch so unbegründet sein, Zeit zum Abschlusse eines Vergleiches, bis zu ihrer Erledigung. Dies ist nicht im Sinne des Gesetzes.

§ 4. Der Vergleichsvorschlag.

Das Zwangsvergleichsverfahren wird eingeleitet durch den Vergleichsvorschlag des Gemeinschuldners. Die Initiative ist beim Cridar. Der Vorschlag muß von ihm selbst, seinem Bevollmächtigten oder seinen Erben ausgehen[2] (§ 202 K.-O.). Der selbständige Vorschlag eines Dritten mit im Vergleichstermine folgender Genehmigung des Gemeinschuldners ist unzulässig.[3] Wenn auch Dritte, Verwandte, die Ehefrau, Freunde für den Cridar eintreten können, um ihn durch

---

[1] v. Völderndorff, Bd. II. p. 534. Anm. 6.

[2] Nicht wie im früheren gemeinrechtlichen Prozesse Akkord auf Antrag eines Gläubigers, oder auch Eingreifen des Gerichtes von Amtswegen. Fuchs, Konkursverfahren, p. 89.

Vergleichsversuch von Amtswegen findet sich noch in Ägypten, H.G.B. art. 325, Belgien, art. 509, 2, obligatorisch in Brasilien Codigo Commercial, art. 842. Vorschlag nur durch den Cridar u. a. Bolivia, H.G.B. art. 568. Schweiz, Bundesgesetz, § 293. Vorschlag durch Gläubiger oder Cridar u. a. Chile, art. 1456, Italien, art. 833.

[3] A. M. v. Völderndorff, Bd. II. p. 535.

Abschluß eines Akkordes wieder flott zu machen, so muß doch er selbst den Vergleich proponieren und schließen.

Für die Form findet sich keine Vorschrift im Gesetze. Den einzigen Anhalt bietet § 165, welcher verlangt, daß der Vorschlag auf der Gerichtsschreiberei zur Einsicht der Beteiligten niedergelegt werde. Hieraus ist zu schließen, daß eine schriftliche Fixierung erforderlich ist, eine mündliche Mitteilung an die einzelnen Gläubiger also nicht genügen würde. Der Vorschlag ist schriftlich bei der Gerichtsschreiberei einzureichen oder zu Protokoll zu erklären.

Der Schuldner kann den Vorschlag einseitig zurückziehen (§ 163 K.-O.). Die Frage, wie lange ihm dies Recht zusteht, deckt sich mit der Frage, in welchem Momente der Schuldner an seinen Vorschlag gebunden ist. Diese Frage wiederum ist unzertrennlich von derjenigen nach der Natur des Zwangsvergleiches.[1] Faßt man letzteren als richterliches Urteil auf,[2] so wird derselbe erst mit der Urteilsfällung, d. h. mit der bestätigenden Erklärung des Gerichtes existent, man müsste demnach folgerichtig auch so lange dem Schuldner ein einseitiges Rücktrittsrecht gewähren. Sieht man aber mit der in der Litteratur vorherrschenden Ansicht in dem Vergleich einen Vertrag,[3] so liegt in dem Vorschlag die Offerte, in der Annahme des Vorschlags durch die Gläubigerversammlung die Annahme derselben und damit der Abschluß des Vertrages. Es hat demnach der Cridar das Recht, von seiner Offerte einseitig zurück zu treten, bis zu dem Zeitpunkte der Annahme im Vergleichstermin. Bis zu diesem Momente ist weder der Schuldner noch der Dritte, der sich für ihn verbürgt oder ihn anderweitig bei der Offerte unterstützt, an den Vorschlag gebunden. Es kann also der Gemeinschuldner, wie er selbstverständlich den Gläubigern günstigere Bedingungen bieten kann, auch seinen Vorschlag zu ihren Ungunsten modifizieren. Allerdings wird im letzteren Falle von der Gläubigerversammlung

---

[1] Das Nähere darüber s. u. Kap. IV, § 12.

[2] So Schultze, Das deutsche Konkursrecht in seinen juristischen Grundlagen. Berlin, 1880. p. 114 ff., und nach ihm v. Wilmowski, p. 426 und Förster-Eccius, Theorie und Praxis des heutigen gemeinen preußischen Privatrechts. Bd. I. § 120.

[3] So Endemann, Das deutsche Konkursverfahren. Systematisch dargestellt. Leipzig. 1889. p. 593. — Petersen und Kleinfeller, p. 489, 493. — v. Sarwey, p. 764, 778. Nr. 6. — Dernburg, Lehrbuch des preußischen Privatrechtes. IV. Aufl. Bd. II. § 25, 2. — Meves, Die Konkursordnung. 1881. p. 170. — Wach, Handbuch des deutschen Civilprozesses. p. 51, 52. — Wieding in Holtzendorff's Rechtslexikon. Bd. III. Abtlg. 2. p. 1487, und wohl auch Oetker, Konkursrechtliche Grundbegriffe. Stuttgart, 1891. Bd. I. — v. Völderndorff, Bd. II. p. 539 verteidigt in der Theorie die Ansicht Schultze's, hält aber deren praktische Durchführung für unthunlich.

nicht unter allen Umständen verlangt werden, daß sie über den Vorschlag abstimmen solle. Eine Abänderung in der Versammlung verbietet sich von selbst durch § 165 K.-O., denn, wie ein neuer Vorschlag, so muß natürlich auch die Abänderung eines früheren auf der Gerichtsschreiberei zur Einsicht niedergelegt werden. Aber auch wenn der Cridar in letzter Minute vor dem Vergleichstermin, und zwar so spät, daß nicht mehr alle Beteiligten in der Lage sind, Einsicht in den Vorschlag zu nehmen, diesen zu Ungunsten der Gläubiger ändert, muß man es in das Ermessen der Gläubigerversammlung stellen, ob sie über einen derartig abgeänderten Vergleichsvorschlag abstimmen, oder ihn als neuen Vorschlag behandeln will, der dann den Vorschriften des § 163 K.-O. unterliegen würde. Falls etwa Dritte ihre Bürgschaft etc. für den ursprünglichen Vorschlag angeboten haben, müssen sie den Beitritt zu dem geänderten ausdrücklich erklären, widrigenfalls sie nicht als an denselben gebunden anzusehen sind.

Stirbt der Gemeinschuldner, bevor der Vorschlag von der Gläubigerversammlung angenommen ist, so sind seine Erben nicht durch denselben vinkuliert. So lange der Erblasser den Vorschlag zurücknehmen konnte, so lange muß dies auch seinen Erben gestattet sein. Der Vergleichsvorschlag gilt nach § 206 K.-O. nur, wenn ihm alle Erben oder Nachlaßvertreter beistimmen.[1] Geschieht dies, so wird aber auch in dem Fortgange des Verfahrens nichts geändert, es kann beispielsweise der Gläubigerausschuß seine Annahmeerklärung nicht zurücknehmen, weil an Stelle des bisherigen Cridars dessen Erben getreten sind. Anders liegt der Fall natürlich, wenn der Tod des Cridars erst erfolgt, nachdem der Vergleich in der Gläubigerversammlung angenommen ist. In diesem Fall bindet der Vergleich sowohl die Gläubiger als auch die Erben, die die Erbschaft angetreten haben.

Soll der Vergleichsvorschlag Berücksichtigung finden, so muß er inhaltlich den in § 161 K.-O. gestellten Anforderungen[2] genügen, wennschon endgültig sein Inhalt erst im Vergleichstermin festgestellt wird. Das gemeinrechtliche Verfahren, das den Zwangsvergleich lediglich auf den nackten Antrag des Schuldners zuließ, hatte zu großen Übelständen Anlaß gegeben. Es war den Gläubigern vor der definitiven Verhandlung über den Vergleich keine Möglichkeit gegeben, sich auf die Abstimmung durch Erkundigungen u. s. w. vorzubereiten. Der Schuldner konnte den Antrag auf Akkord

---

[1] So **Endemann**, p. 593. — **Petersen und Kleinfeller**, p. 494. — v. **Völderndorff**, Bd. II. S. 540.

[2] Vgl. unten S. 17 ff.

stellen, ohne auch nur den redlichen Willen zu haben, einen annehmbaren Vergleich anzubieten, und dadurch das Konkursverfahren böswillig verzögern.[1] Diesen Übelständen des einfachen Akkordantrags hilft die Konkursordnung ab, indem sie von dem Vergleichsvorschlag fordert, er müsse die Art der Befriedigung und die eventuelle Sicherstellung der Gläubiger angeben.

Das erste Erfordernis ist essentiell. Die Gläubiger sollen übersehen können, welche Vorteile oder Nachteile ihnen der Akkord bieten wird, sie sollen in der Lage sein, durch Einsicht des Vergleichsvorschlages instruiert in den Termin zu kommen. Der Vorschlag muß angeben, in welcher Weise die Befriedigung der Gläubiger erfolgen soll, d. h. es muß dargethan werden, welche Quote ihrer Forderungen die Gläubiger erhalten, wann sie dieselben erhalten, in welcher Weise sie befriedigt werden sollen, ob durch Zahlung, durch datio in solutum etc. Die genauere Substanziierung bleibt allerdings der Verhandlung im Vergleichstermine vorbehalten, jedoch muß der Vorschlag die Ansprüche, die an eine Vertragsofferte gestellt werden, erfüllen, er muß so gefaßt sein, daß ein jeder Gläubiger im stande ist, zu ermessen, ob es seinem Vorteile entspricht, auf den Vergleich einzugehen oder nicht.

Ein Vorschlag, der die Art der Befriedigung nicht angiebt, ist vom Gericht a limine abzuweisen, so daß es zu einer Erklärung des Gläubigerausschusses über denselben gar nicht kommt. In der Abweisung, die nach § 65 K.-O. mit Beschwerde anfechtbar ist, liegt kein „Verwerfen“ im Sinne des § 163; es kann daher das Fehlende nachgeholt werden, ohne daß damit ein neuer Vorschlag eingebracht würde.[2]

Das Gesetz fordert weiter eine Angabe darüber, ob und in welcher Weise die Ansprüche der Gläubiger sichergestellt werden sollen. Schon in der Ausdrucksweise liegt, daß eine Sicherstellung an sich kein unbedingtes Erfordernis des Vergleichsvorschlags ist. Da es außer Zweifel liegt, daß der Schuldner den Vorschlag später zu Gunsten der Gläubiger einseitig vervollständigen kann, so muß ihm auch gestattet sein, Sicherstellung später zu versprechen. Damit, daß § 161 sagt „ob“, läßt er die Möglichkeit der Nichtbestellung zu. Wie nun ein Vorschlag gültig ist, der ausdrücklich erklärt, daß keine Sicherstellung in Aussicht genommen sei, muß doch erst recht ein solcher zugelassen werden, der eine Sicherstellung zwar verspricht, sich aber nicht darüber äußert,

---

[1] Motive, S. 149.

[2] So auch v. Völderndorff, Bd. II. S. 542. — v. Sarwey, S. 774. — Petersen und Kleinfeller, S. 493.

in welcher Art dieselbe bewirkt werden soll. Dies angenommen, wird man sich auch der Folgerung nicht verschließen können, daß ein Vorschlag gültig ist, selbst wenn er sich über die Sicherstellung überhaupt nicht äußert. In beiden Fällen muß sich natürlich der Schuldner gefallen lassen, daß die Gläubiger seinen Vorschlag so auffassen, als ob er eine Sicherheit nicht in Aussicht stellte, und daß ihn der Gläubigerausschuß dementsprechend für nicht annehmbar erklärt. Nicht dagegen wird man aus dem Mangel des zweiten Erfordernisses des § 161, sofern nur das erste gewahrt ist, einen Grund für das Gericht herleiten können, den Vorschlag abzuweisen. Es ist demnach das zweite Erfordernis des § 161 für das Gericht illusorisch.[1]

§ 5. Die Kontrahenten.

1. Die Konkursordnung kennt keine Einschränkung in Beziehung auf die Person des Gemeinschulders (K.-O. § 196, 2), während in außerdeutschen Gesetzen die Einschränkung des Zwangsvergleiches auf das Konkursverfahren gegen Kaufleute nicht selten ist.[2] Die Motive finden keinen Unterschied zwischen dem Konkurse eines Kaufmannes und dem eines Privatmannes.[3]

Auch für den Konkurs eines Nachlasses gestattet das Gesetz den Zwangsvergleich; § 208 knüpft ihn an den Vorschlag aller Erben und Nachlaßvertreter.[4]

Schwieriger ist die Frage hinsichtlich der Gesellschaftskonkurse.[5] Die Konkursordnung läßt auch hier den Akkord mit alleiniger Aus-

[1] Dieser in der Litteratur nicht vertretenen Ansicht scheint v. Völderndorff zuzuneigen, ohne daß er allerdings die Konsequenzen aus ihr zieht, wenn er Bd. II, p. 543, Anm. 15 sagt: „Proponiert der Gemeinschuldner keine Sicherheit, die Gläubiger halten aber solche für nötig, so stimmen sie eben gegen den Vergleich.“ Sie stimmen also, d. h. der Vergleichsvorschlag, in dem keine Sicherheit proponiert wird, kommt doch zur Abstimmung im Vergleichstermin.

[2] Dänemark, Konkursgesetz, § 100, auf Händler, Fabrikanten und Schiffsrheder. Österreich, K.-O., Frankreich, Fallimentsgesetz auf Kaufleute, nicht so Holland, Entwurf von 1879.

[3] Motive, p. 142, 143: „Der Entwurf, welcher den Akkord nicht als exceptionelles Benefiz für den Schuldner, sondern als eine allgemeine, regelrechte Art der Beendigung des Gemeinschuldverfahrens auffaßt, welcher in ihm die vergleichsweise Feststellung der sonst durch Versilberung und Verteilung zu erzielenden Befriedigungsquote erblickt, kann den Akkord auf bestimmte Klassen von Gemeinschuldnern nicht beschränken.“

[4] Vgl. oben p. 11.

[5] Das französische Recht erkennt einen Akkord mit einer Handelsgesellschaft (société de commerce) als solcher nicht an, sondern nur ein „concordat particulier eu faveur d'un ou de plusieurs des associés“ Fallimentsgesetz, art. 531. — Preußische Konkursordnung, § 285: „Ein Akkord (sc. mit einer Aktiengesellschaft) kann nicht geschlossen werden.“

nahme des Konkurses über das Vermögen einer eingetragenen Genossenschaft (§ 196, 2 K.-O) zu. Der Gedanke, welcher dieser Ausnahme zu Grunde liegt, ist klar. Man ist mit Recht von der Annahme ausgegangen, daß die Gläubiger einer Genossenschaft mit unbeschränkter Haftpflicht oder unbeschränkter Nachschußpflicht, wie auch die der übrigen Genossenschaften des Gesetzes vom 4. Juli 1868, sich zu einem Zwangsvergleich doch nie bereit finden lassen würden, da sie mit Sicherheit auf die vollständige Befriedigung ihrer Forderungen rechnen können.[1] Diese praktische Erwägung hat dazu geführt, ein für alle mal für diese Genossenschaften die Ausnahme gesetzlich zu fixieren. Auch das Gesetz vom 1. Mai 1889, § 109, hat hierin nichts geändert.

2. Für die am Zwangsvergleich beteiligten Gläubiger enthält die Konkursordnung nur eine negative Bestimmung. Es können am Akkorde teilnehmen „alle nicht bevorrechtigten Konkursgläubiger".[2] Ausgeschlossen sind demnach alle, die nicht Konkursgläubiger sind, d. h. Gläubiger des § 56, ferner die Massegläubiger, da ihre Forderungen vorweg zu berichtigen sind (§ 50 K.-O.), es ihnen daher nicht zugemutet werden kann, sich einem Zwange durch Minderberechtigte zu fügen. Dieselbe Erwägung schlägt ein bei den Aussonderungsberechtigten, den Absonderungsberechtigten und den Gläubigern, deren Forderungsrechte durch ein Kompensationsrecht gesichert sind. Die Konkursgläubiger sind, soweit sie bevorrechtigt sind, ausgeschlossen (§ 54, Nr. 1—5 K.-O.). Als Kontrahenten des Zwangsvergleiches bleiben demnach lediglich die Gläubiger des § 54, Nr. 6. Alle Übrigen scheidet das Gesetz schlechthin aus.[3] Sollte also der allerdings unwahrscheinliche Fall eintreten, daß als Gläubiger lediglich eine Klasse des § 54, z. B. Nr. 5, vorhanden wäre, so würde dennoch ein Akkord nicht zulässig sein; die Gläubiger sind zwar unter sich nicht bevorrechtigt, es ist auch sonst niemand da, demgegenüber sie bevorrechtigt sind, aber sie gehören zu den bevorrechtigten Gläubigern im Sinne der Konkursordnung, können also auch unter einander keinen Akkord abschließen.[4]

Die Bestimmung des Gesetzes ist in dem Sinne zu verstehen,

---

[1] Vgl. Motive, Bd. II., p. 218.

[2] Schweiz, Bundesgesetz, § 293, 2, 305, 2, schließt den Ehegatten, Chile, Gesetz vom 11. Jan. 1879, den Ehegatten und die Verwandten bis zum vierten Grade von der Abstimmung aus.

[3] Vgl. französisches Fallimentsgesetz, art. 508.

[4] Der Abschluß eines außergerichtlichen Vergleiches und darauf beruhende Einstellung nach § 188 K.-O. ist ihnen natürlich unbenommen; so auch v. Völderndorff, Bd. II., p. 536, 537.

2*

daß Gläubiger zum Zwangsvergleich nicht zuzulassen sind, soweit sie bevorrechtigt sind. Ein Absonderungsberechtigter steht daher außerhalb des Akkordes nur in soweit sein Forderungsrecht durch ein Pfandrecht, eine Hypothek oder ein sonstiges Recht auf vorzugsweise Befriedigung gedeckt ist. Für den Ausfall, den er erleidet, ist er als nicht bevorrechtigter Gläubiger berechtigt, am Akkord teil zu nehmen. Bedingung für seine Teilnahme ist also, daß er zuerst aus dem Pfande seine Befriedigung sucht;[1] dies ist ein Recht der Konkursgläubiger, das auch durch Vertrag zwischen dem Schuldner und dem Pfandgläubiger nicht aufgehoben werden kann. Der Pfandgläubiger kann jedoch seine ganze Forderung im Prüfungstermine anmelden, in der Absicht, mit der ganzen Forderung sich an dem Zwangsvergleiche zu beteiligen. Hierin liegt ein Verzicht auf das Pfandrecht nur, falls er ausdrücklich erklärt,[2] für seine ganze Forderung die Vergleichsquote beziehen zu wollen; thut er dies nicht, so ist die Anmeldung nur als Anmeldung der eventuellen Ausfallsforderung anzusehen und enthält keinen Verzicht auf das Pfandrecht.[3] Keinesfalls darf der Pfandgläubiger die Vergleichsquote für seine ganze Forderung annehmen und außerdem das Pfand behalten, um sich durch letzteres für den Ausfall bei der Vergleichsquote schadlos zu halten. Welchen Weg der Gläubiger einschlagen will, ob er auf das Pfand verzichten und die Dividende von der ganzen Forderung beziehen, oder das Pfand realisieren und für seinen Ausfall durch die im Vergleich gewährten Prozente Deckung suchen will, untersteht seiner freien Wahl.[4] In der Teilnahme am Akkord als solcher liegt noch kein stillschweigender Verzicht auf das Pfandrecht, wohl aber in der vorbehaltlosen Annahme der Akkordrate. Vollzieht sich letztere, so muß der Gläubiger das Pfand herausgeben, das dann als Konkursmasse verwendet wird.[5]

Aus allen diesen vom Reichsgericht bestätigten Sätzen erhellt, daß die Bestimmung der Konkursordnung, die nur die nicht bevorrechtigten Konkursgläubiger als Kontrahenten beim Zwangsvergleich zuläßt, zu eng gefaßt ist. Auch die Absonderungsberech-

---

[1] Entscheidungen des Reichsgerichts in Civilsachen. Bd. VI. p. 66.
[2] Entscheidungen des Reichsgerichts. Bd. V. p. 394.
[3] Entscheidungen des Reichsgerichts. Bd. V. p. 183. — Das französische Fallimentsgesetz, art. 508, läßt die Hypothekarier und Pfandgläubiger nur zu „s'ils renoncent à leurs hypothèques, gages ou privilèges". Das Stimmen annulliert das Pfandrecht „Le vote au concordat emportera de plein droit cette renonciation".
[4] Entscheidungen des Reichsgerichts. Bd. V. p. 394.
[5] Entscheidungen des Reichsgerichts. Bd. XVI. p. 70.

tigten können sich am Akkord beteiligen, allerdings nur unter den oben erwähnten Bedingungen.[1]

§ 6. Die Vorbedingungen des Zwangsvergleiches.

I. Vor Darstellung des Verfahrens beim Akkordabschlusse sind die Fälle zu erörtern, in denen das Gesetz den Zwangsvergleich von vornherein für unzulässig erklärt. Dieselben sind in § 162 K.-O. aufgezählt. Sie schließen „ohne Rücksicht auf den konkreten Inhalt des Akkordvorschlags dessen Annahme oder Bestätigung unbedingt“ aus (Motive, p. 150). Trifft einer der Fälle des § 162, Nr. 1—3 zu, so ist der Zwangsvergleich unzulässig, d. h. auch Vorschlag und Annahme sind nicht gestattet. Das Konkursgericht hat den Akkordvorschlag im Hinblick auf § 162 zu prüfen und eventuell von Amtswegen zu verwerfen. Gegen den verwerfenden Beschluß steht dem Schuldner die Beschwerde zu. Tritt einer der betreffenden Fälle im Laufe des Vergleichsverfahrens ein, so ist dasselbe einzustellen, und falls er sich nach dem Abschlusse des Vergleichs im Vergleichstermine herausstellt, die gerichtliche Bestätigung auch ohne Antrag zu versagen. Die unter Nr. 1, 2 aufgeführten Thatsachen hindern den Zwangsvergleich nur „so lange“ sie bestehen. Nach ihrem Wegfall kann daher sehr wohl ein Vergleichsvorschlag gültig gemacht werden.

Streitig ist die Frage, wie es zu halten sei, wenn im Falle des Konkurses über ein Gesellschaftsvermögen oder einen Nachlaß K.-O. § 162 auf nur einen der beteiligten Schuldner zutrifft. Die vorherrschende Ansicht, die wohl auch als die richtige anzuerkennen ist, geht dahin, daß auch in diesem Falle ein Zwangsvergleich unzulässig ist. Die §§ 200, 206 K.-O. verlangen den Vorschlag seitens aller persönlich haftenden Gesellschafter bez. Erben oder Nachlaßvertreter. Diese Vorschrift ist essentiell. Ist daher der Vorschlag durch einen Beteiligten auf Grund von § 162 unzulässig, so ist auch den übrigen die Möglichkeit eines Zwangsvergleiches benommen.[2]

1. So lange der Gemeinschuldner flüchtig ist, kann kein Zwangsvergleich geschlossen werden.[3] Diese Bestimmung basiert auf dem Gedanken, daß zum Abschlusse eines Vergleiches ein zuverlässiger

---

[1] So ausdrücklich das dänische Konkursgesetz § 105. Holländisches H.G.B. art. 838.

[2] a. M. Hartmann in Gruchot's Beiträgen zum Pr. R. Bd. II. p. 293—298.

[3] Interessant ist die Thatsache, daß die Flucht des Cridars, die heute ein Hindernis des Zustandekommens eines Akkordes ist, ursprünglich einen der Hauptgründe für die Weiterentwicklung des Institutes durch das italienische Gewohnheitsrecht bildete. Vgl. oben p. 4.

Schuldner vorhanden sein muß, daß die Gläubiger in der Lage sein müssen, die Höhe der vorhandenen Aktivmasse zu kennen und sich darauf zu verlassen, daß die ihnen in Aussicht gestellten Bedingungen auch wirklich eingehalten werden. Außerdem ist die Anwesenheit des Cridars unbedingt wünschenswert, damit derselbe stets Aufschluß über seine Bücher etc. geben kann. Alle diese Erfordernisse mangeln im Falle der Flucht des Cridars. Als „flüchtig" kann nicht schon jeder Schuldner bezeichnet werden, der sich nicht am Sitze des Konkursgerichts befindet. K.-O. § 93 läßt dem Gericht die Möglichkeit offen, dem Schuldner zu gestatten, sich von seinem Wohnorte zu entfernen. In diesem Falle ist eo ipso die Annahme einer Flucht ausgeschlossen. Es erscheint sogar ratsam, den Sinn des § 162, 1 noch mehr zu beschränken. Wenn sich der Schuldner selbst ohne Erlaubnis des Konkursgerichtes auf kurze Zeit von seinem Wohnsitze entfernt, keineswegs aber die Absicht hat, sich dem Arme der Gerechtigkeit zu entziehen, vielmehr seine Rückkehr vielleicht schon nach wenigen Tagen sicher zu erwarten ist, oder er etwa durch eine gesetzliche Pflicht (Militärdienst) zur Entfernung genötigt wird, so wird man hierin keinen Grund finden können, einen an sich günstigen Akkord für unzulässig zu erklären. „Flüchtig" ist nur der Schuldner, der sich entweder vom Gerichtssitze mala fide entfernt hat, um sich dem Zugriff des Gerichts zu entziehen, oder dessen Abwesenheit, wenn auch bona fide, eine solche ist, die nicht auf einer gesetzlichen Pflicht beruht oder seine Mitwirkung am Zwangsvergleich, sei es durch ihre Dauer, Weite der Entfernung oder aus anderen Umständen erheblich erschwert. Diese Definition ist allerdings etwas ungenau, es muß daher in gewisser Ausdehnung in das Ermessen des Gerichts gestellt werden, ob ein Schuldner als „flüchtig" zu betrachten ist, andererseits scheint mir aber die allgemein übliche Auslegung, die als „flüchtig" jeden, dem § 93 K.-O. entgegen handelnden Cridar ansieht, zu streng zu sein.[1]

Kehrt der flüchtige Schuldner zurück, so wird dadurch der Unzulässigkeitsgrund aufgehoben, so daß der Vergleichsvorschlag nunmehr erneuert werden kann.[2] Keinesfalls aber wird ein etwa vor oder während der Flucht gemachter Vorschlag durch die Rückkehr des Schuldners nachträglich gültig.

Der Flucht steht die Verweigerung des Offenbarungseides gleich,

---

[1] Vgl. v. Völderndorff Bd. II., p. 547. m. A. Petersen und Kleinfeller, p. 495. Anm. 2.

[2] a. M. Hahn, Die preußische Konkursordnung. Herausgegeben von C. Hahn. 1866. p. 110. Note 133.

da ohne Inventar und Bilanz und deren eidliche Bekräftigung der Akkordvorschlag sich jeder Beurteilung entzieht (Motive, p. 151).

2. Unzulässig ist der Zwangsvergleich ferner, so lange ein gegen den Schuldner wegen betrüglichen Bankerutts eröffnetes Hauptverfahren anhängig ist. Schon der durch Eröffnung des Hauptverfahrens begründete Verdacht des betrüglichen Bankerutts genügt, um das einem Zwangsvergleich notwendig zu Grunde liegende Vertrauen der Gläubiger zu dem Cridar zu erschüttern. Der Begriff des betrüglichen Bankerutts findet sich in K.-O. § 209, die Bestimmungen über die Eröffnung des Hauptverfahrens §§ 195 f., 270 St.P.O. Der Eröffnung des Hauptverfahrens wird die Wiederaufnahme des Verfahrens in § 402 St.P.O. gleichgestellt. Natürlich handelt es sich nur um Wiederaufnahme zu Ungunsten des Angeklagten, da im entgegengesetzten Falle der Akkord schon durch die vorhergegangene Verurteilung unmöglich geworden ist (§ 162, 5 K.-O.). Die Wiederaufnahme muß zu einer Eröffnung der Hauptverhandlung geführt haben (§ 410, 2 St.P.O.), da sonst zwischen den beiden Bestimmungen des § 162, 2 K.-O. ein Widerspruch vorhanden wäre und kein Grund vorliegt, einen bereits einmal freigesprochenen Gemeinschuldner strenger zu behandeln, als einen, gegen den zum ersten Male das Verfahren eröffnet wird.

Mit Einstellung des Verfahrens oder freisprechendem Urteil wird die Unmöglichkeit des § 162, 2 K.-O. aufgehoben.

3. Macht schon die Eröffnung des Hauptverfahrens wegen betrüglichen Bankerutts den Zwangsvergleich unmöglich, so ist dies erst recht der Fall bei Verurteilung wegen desselben Verbrechens. Während bei § 162 Nr. 1 und 2 schon durch den Wortlaut des Gesetzes jeder Zweifel darüber ausgeschlossen ist, daß mit dem Wegfall des betreffenden Zustandes auch das Hindernis für diesen selben Konkurs wegfällt, ist für Nr. 3 streitig, ob das Hindernis ein ewiges sei, das ein für alle Mal den Abschluß eines Akkordes mit diesem Schuldner unmöglich macht, oder ob es nur für den betreffenden Konkurs wirkt, in dem die Verurteilung erfolgt ist. Die Unmöglichkeit ist eine endgiltige. Die Motive nennen als Grund für die Bestimmung die Unwürdigkeit des verurteilten Schuldners („kein Gläubiger darf genötigt werden, sich fernerhin mit ihm einzulassen"). Durch die Beendigung des Konkurses wird der Schuldner nicht wieder würdig. Wenn er nach womöglich kurzer Zeit abermals in Konkurs verfällt, bleibt das Motiv der rechtskräftig festgestellten Unwürdigkeit bestehen. Kohler setzt sich über die Ansicht der Motive mit der Behauptung hinweg, der Grund des § 162 K.-O. liege nicht in der Unwürdigkeit des Schulders, sondern lediglich in der mangelnden Grundlage für Bemessung der Vermögens-

verhältnisse.[1] Mit dieser Motivierung behauptet er die Zulässigkeit des Akkordes für einen zukünftigen Konkurs und geht sogar so weit, anzunehmen, daß, falls die Gläubiger mit Kenntnis des betrügerischen Bankeruttes akkordieren, der Akkord auch in diesem Konkurse gestattet sein soll. Dies ist eine in nichts gerechtfertigte Vergewaltigung des Gesetzes. Um in den klaren und deutlichen Wortlaut des Gesetzes den Sinn „in diesem Konkurse" hineinzutragen, müssten gewichtige Gründe vorhanden sein, und diese finden sich bei keinem der Vertreter dieser Ansicht.[2]

Dem Sinne des Gesetzes entsprechend ist anzunehmen, daß im Interesse der Sittlichkeit und des öffentlichen Kredits gegen einen einmal verurteilten Schuldner die ganze Strenge des Gesetzes in Anwendung gebracht werden soll (Motive, S. 151). Auch eine Begnadigung schließt das Hindernis nicht aus. Der einzíge Fall in dem ein wegen betrüglichen Bankerutts verurteilter Schuldner noch einen Zwangsvergleich schließen kann, ist, wenn er auf Grund eines wiederaufgenommenen Verfahrens nachträglich freigesprochen wird (§ 411, 3 St.P.O.).

II. Außer diesen Fällen, in denen der Vergleichsvorschlag von Amtswegen zurückzuweisen ist, nennt § 163 K.-O. noch drei Fälle, in denen er von dem Gericht auf Antrag des Verwalters und eines eventuellen Gläubigerausschusses zurückgewiesen werden kann und zwar: wenn bereits in dem Konkursverfahren ein Vergleichsvorschlag von den Gläubigern abgelehnt oder vom Gericht verworfen, oder von dem Cridar nach der öffentlichen Bekanntmachung des Vergleichstermins zurückgezogen worden ist. In diesen Fällen ist das Gericht an den Vorschlag des Verwalters gebunden und, falls ein Gläubigerausschuß bestellt ist, auch an den des letzteren. Es genügt dann keineswegs der Vorschlag des Verwalters allein, oder gar im Widerspruch mit dem Gläubigerausschuß, vielmehr müssen beide gemeinsam den Antrag stellen.[3] Die Ansicht, daß der Vorschlag des Gläubigerausschusses allein genüge, wird durch die Motive[4] widerlegt. Das Gericht darf nicht ex officio zurückweisen, kann dagegen wohl trotz des Antrages die Zurückweisung versagen, wenn auch praktisch dieser Fall selten eintreten wird. Die Zurückweisung geschieht durch Beschluß, gegen den die sofortige Beschwerde zulässig ist.

[1] Lehrbuch des Konkursrechtes von Dr. J. Kohler. Stuttgart. 1891. p. 474, 475.

[2] Vgl. Petersen und Kleinfeller. p. 495. v. Völderndorff. Bd. II. p. 549, 550. v. Sarwey. p. 495. m. A. v. Wilmowski. p. 421. Nr. 5.

[3] Vgl. K.-O. § 121, 2. — [4] Motive, p. 153.

Die Gründe selbst, aus denen die Zurückweisung erfolgen kann, bedürfen einer näheren Erläuterung nicht, sie sind klar genug. Nur das wäre vielleicht noch zu konstatieren, daß sie natürlich alle nur für das vorliegende Konkursverfahren Platz greifen.

III. Schließlich ist an dieser Stelle noch eine Bestimmung der Konkursordnung zu erwähnen, die zwar keine formelle Bedingung des gültigen Akkordabschlusses bildet, aber doch bindende Vorschriften für den Inhalt des Zwangsvergleiches aufstellt. Nach § 168 K.-O. muß jeder Akkord allen nicht bevorrechtigten Konkursgläubigern gleiche Rechte gewähren. Eine Ungleichheit ist nur mit ausdrücklicher Einwilligung der Zurückgesetzten zulässig. Jedes andere Abkommen ist nichtig.[1] Die Motive sagen hierzu[2]: „Der Akkord darf der Majorität nicht andere Rechte gewähren, als der Minorität, den stimmenden Gläubigern nicht andere als den ausbleibenden, den bekannten nicht andere als den unbekannten, — nicht höhere Prozentsätze, nicht bessere Bedingungen, nicht größere Sicherheit.“ Es müssen die unbekannten den bekannten Gläubigern gleich gestellt werden; hieraus ergiebt sich eine theoretische Schwierigkeit für die Sicherheitsleistung durch Hypotheken. Eigentlich müßte, um den Anforderungen des § 168 voll zu genügen, für den Akkord eine Art Generalhypothek eingetragen werden.[3] Da diese aber nach den deutschen Landesgesetzgebungen nirgends mehr möglich ist, und da wohl auch nur selten nachträglich unbekannte Gläubiger auftreten werden, wird man aus Billigkeitsrücksichten eine Hypothek in der Höhe der Akkordsumme für genügend zu erklären haben.[4] Ebenso wird man in Anschauung der für Erfüllung des Akkordes bestellten Faustpfänder sich entschließen müssen, eine Frist zu setzen, nach deren Ablauf der Erlös aus dem Pfande unter die bis dahin vorhandenen Akkordgläubiger zur Verteilung gelangt. Sollte allerdings später noch ein unbekannt gebliebener Gläubiger auftauchen, so wird dieser immerhin seinen Anteil an dem Pfande resp. seine Akkordrate von den anderen herausverlangen können.

Ebenso darf die Sicherheit durch Bürgschaftsleistung nicht verschieden sein, es muß ein Bürge für alle Akkordforderungen eintreten, oder, falls mehrere Bürgen vorhanden sind, müssen sie sich in solidum verbürgen, nicht darf der Bürge A für die eine Hälfte und B für die anderen der Forderungen die Garantie über-

---

[1] Dänisches Konkursgesetz, § 115.
[2] Motive, p. 148.
[3] Vgl. Französisches Fallimentsgesetz, art. 490 u. 517. Ägypten, H.G.B., art. 338. Belgien, H.G.B., art. 518, Chile, H.G.B. art. 1480.
[4] So v. Völderndorff, p. 571.

nehmen.[1] Auch lediglich formelle Unterschiede sind unzulässig, so darf nicht ein Gläubiger sofort die Summe von 1000, der andere nach einem Jahre diese Summe samt den üblichen Jahreszinsen erhalten.

Es ist auch jedes Abkommen nichtig, daß zum Zweck der Erreichung eines Zwangsvergleiches geschlossen wird, sofern es eine Ungleichheit der Gläubiger hervorrufen soll, selbst wenn der Akkord nicht zu stande gekommen ist. Es genügt, daß der betreffende Vertrag, wie z. B. Verkauf einer Forderung an einen Gönner des Cridars, materiell für den vorausgesetzten Fall eines Zwangsvergleiches geschlossen wurde. Ebenso ist ein von einem Dritten mit einem Gläubiger geschlossenes Abkommen, das diesem Vorteile für den Fall des Zustandekommens eines Akkordes in Aussicht stellt, z. B. Deckung seines Ausfalls bis zum Betrage von 50 Prozent, nichtig. Auch das Auskaufen einzelner dem Akkorde nicht geneigter Gläubiger, wie überhaupt jeder Stimmenkauf zu Gunsten Einzelner, fällt unter § 168.[2] Schließlich werden auch solche Verträge von der Nichtigkeit des § 168 betroffen, die nach Abschluß oder Bestätigung des Vergleiches, aber in der Absicht, das Gesetz zu umgehen, im Hinblick auf den Akkord nach vorangegangener, mündlicher Verabredung abgeschlossen werden.[3]

Es ist nach alledem jedes Abkommen, welches neben dem Zwangsvergleich gelten und einem Gläubiger Vorteile verschaffen soll, ohne die ausdrückliche Einwilligung der anderen Gläubiger nichtig. Der Umstand, daß das Abkommen auch für den Fall bestimmt ist, daß ein Zwangsvergleich nicht zu stande kommt, ändert nichts, sofern dasselbe nur in Beziehung zu dem Akkord abgeschlossen wurde. Dabei ist es auch gleichgiltig, ob es kausal für das Zustandekommen des Vergleichs gewesen ist, ja die Nichtigkeit bleibt bestehen,[4] auch wenn der begünstigte Gläubiger selbst gar nicht oder gegen den Vergleich gestimmt hat. „Die Nichtigkeit solcher Abkommen ist absolut angedroht, weil sie das Zustandekommen eines Zwangsvergleiches beeinflussen können."[5]

Die einzige Bedingung, unter welcher eine Bevorzugung einzelner Gläubiger zulässig erscheint, wird vom Gesetz selbst fest-

---

[1] v. Sarwey, p. 783. — v. Völderndorff, Bd. II. p. 570. — Petersen und Kleinfeller, p. 502. — Erkenntnis des Reichsoberhandelsgericht vom 14. September 1871; Entscheidungen, Bd. IV. p. 20 ff.

[2] Petersen und Kleinfeller, p. 502. — v. Sarwey, p. 783. — v. Völderndorff, Bd. II. p. 574. — v. Wilmowski, p. 436, 4.

[3] So v. Völderndorff, p. 537. — Petersen und Kleinfeller, p. 502. — a. M. v. Sarwey, p. 784. Nr. 4 a. — v. Wilmowski, p. 436. Nr. 4.

[4] Wengler's Archiv. 1892. p. 516, 517.

[5] Reichsgerichts-Entscheidungen, Bd. XXVIII. p. 100.

stellt; es ist die ausdrückliche Einwilligung der zurückgesetzten Gläubiger. Es ist klar, daß, da ein Gläubiger auf seine Forderung vollständig verzichten kann, es ihm auch freistehen muß, sich mit einer geringeren Dividende als der der Übrigen zu begnügen, nur muß er diese seine Einwilligung ausdrücklich erklären, es genügt nicht Zustimmung zum Akkord im Ganzen oder Nichtwidersprechen im Termine. Die Motive fordern nicht unbedingt Erklärung in der gerichtlichen Vergleichsverhandlung, sondern lassen eine Zustimmung der Zurückgesetzten in besonderen vorzulegenden Erklärungen als gültig zu. Ebenso kann ein über die vorzugsweise Behandlung Einzelner getroffenes Nebenabkommen durch ausdrückliche Zustimmung in dem Vergleichstermin genehmigt werden und bildet dann einen Teil des Vergleiches.[1] Nicht genügend ist die Zustimmung der anwesenden Gläubiger im Termine, sondern alle Zurückgesetzten müssen zustimmen. Es folgt: da die Abwesenden nicht zustimmen können, dürfen sie auch nicht zurückgesetzt werden. Es müssen vielmehr die Zurückgesetzten ausdrücklich bezeichnet und die Bevorzugung allen, außer diesen, gewährt werden. Jedes andere Nebenabkommen des Gemeinschuldners oder eines Dritten mit einem Gläubiger, das diesem einen besonderen, vom Inhalte des Akkordes abweichenden Vergleich bietet, setzt den Zwangsvergleich der Verwerfung nach §§ 172, 173, 1 K.-O. und der Anfechtung nach § 182, sowie die Kontrahenten der Bestrafung aus §§ 211, 213 K.-O. aus. Außerdem ist das Nebenabkommen, wie das Gesetz ausdrücklich sagt, nichtig. Es kann also auch für den Fall, daß der Akkord nicht zu stande kommt,[2] von keinem der Kontrahenten geltend gemacht werden. Wird der Zwangsvergleich unter Übersehung eines nach § 168 begründeten Mangels nachträglich bestätigt, so ist zu unterscheiden, ob der Akkord selbst eine Bevorzugung einzelner Gläubiger enthält, oder ob diese nur in einem Nebenabkommen enthalten sind. Im ersteren Falle wird der Vergleich trotzdem rechtskräftig und unterliegt sonach auch der Zwangsvollstreckung nach §§ 178, 179 K.-O., da eine teilweise Rechtskraft undenkbar ist uud daher die bevorzugten Forderungen nicht von derselben ausgenommen werden können. Ein nichtiges Nebenabkommen dagegen wird auch durch die richterliche Bestätigung nicht rechtskräftig. Es ist von vornherein nichtig. Die Frage, ob der Gemeinschuldner das auf Grund eines derartigen Abkommens Geleistete zurückfordern kann, wird im allgemeinen nach bürgerlichem Rechte zu beurteilen sein.[3]

[1] Motive, p. 148. [2] Motive, p. 149.
[3] So Petersen und Kleinfeller, p. 503. a. M. teilweise v. Völderndorff, p. 575.

§ 7. Die Vorbereitung des Abschlusses.

I. Treffen die in §§ 160, 161 K.-O. aufgestellten Voraussetzungen zu und ist der Vergleichsvorschlag nicht auf Grund von §§ 162, 163 K.-O. als unzulässig zurückgewiesen, „so hat der Gläubigerausschuß sich über die Annehmbarkeit des Vorschlags zu erklären“. Ist ein Gläubigerausschuß bestellt, so soll sich derselbe gutachtlich über den Vergleichsvorschlag äußern. Er hat den Vorschlag weder anzunehmen, noch abzulehnen, sondern nur denselben für annehmbar oder unannehmbar zu erklären. Seine Entscheidung ist in keiner Weise bindend für die Gläubigerversammlung, diese kann sehr wohl einen vom Gläubigerausschuß für annehmbar erklärten Vorschlag verwerfen, und umgekehrt, wenn auch naturgemäß letzteres selten eintreten wird. Das Verfahren geht auf jeden Fall weiter. Erklärt der Gläubigerausschuß den Vorschlag für annehmbar, so kann einem Antrag des Schuldners auf Einstellung der Versilberung der Masse (§§ 121, 122, 123, 2 K.-O.) stattgegeben werden, während, wenn er den Vorschlag für unannehmbar hält, der Verwalter auch gegen den Widerspruch des Cridars mit der Versilberung fortfährt. Die Vorprüfung hat demnach hauptsächlich den Zweck, die Entscheidung der Gläubigerversammlung im Prüfungstermin vorzubereiten. Der Gläubigerausschuß soll nicht nur seine Ansicht äußern, sondern den Schuldner hören und eventuell mit demselben sich über Änderungen und Verbesserungen, die den Vorschlag annehmbarer machen könnten, einigen.

Die Erklärung des Gläubigerausschusses wird von § 164 K.-O. als Essentiale gefordert („hat sich zu erklären“). Es fragt sich, was geschieht, wenn diesem Erfordernisse nicht Genüge geschieht. Besteht ein Gläubigerausschuß, so muß derselbe über den Vorschag befragt werden. Es ist Aufgabe des Konkursverwalters die Erklärung des Gläubigerausschusses einzuholen. Ein Verfehlen dieser Vorschrift ist jedenfalls ein wesentlicher Mangel, der zur Verwerfung des Zwangsvergleiches nach § 172, 1 K.-O. durch das Gericht führen würde, wofern nicht Nachholung der Erklärung des Gläubigerausschusses und Neuanberaumung des Vergleichstermins möglich ist. Nicht so weit darf man dagegen gehen in dem Falle, daß zwar der Gläubigerausschuß über die Annehmbarkeit beraten, eine Erklärung aber nicht abgegeben hat. In diesem Falle wird man anzunehmen haben, daß zwar das Verfahren seinen Fortgang nimmt, ebenso wie in dem Falle, daß der Ausschuß den Vorschlag für unannehmbar erklärt, daß aber die Folgen des § 164, 2 K.-O. auch in diesem

Falle Anwendung finden.[1] K.-O. § 164 Abs. 2 sagt: „erklärt der Gläubigerausschuß den Vorschlag nicht für annehmbar", nicht wie von Völderndorff annimmt, „erklärt sich der Gläubigerausschuss gegen den Vorschlag". Wenn sich der Ausschuss gar nicht erklärt hat, so hat er den Vorschlag auch nicht „für annehmbar erklärt", es haben also die an diese Voraussetzung geknüpften Folgen einzutreten.[2]

Die Erklärung des Gläubigerausschusses hat schriftlich zu Protokoll zu erfolgen.

II. Der Vorschlag des Gemeinschuldners ist mit der Erklärung des Gläubigerausschusses auf der Gerichtsschreiberei zur Einsicht der Beteiligten, ebenso wie Inventar und Bilanz (K.-O. §§ 165, 114) niederzulegen. Auch diese Vorschrift dient der Vorbereitung des Vergleichstermins. Die Gläubiger sollen in die Lage gesetzt werden, sich, bevor sie stimmen, über die ihnen gebotenen Vorteile resp. die von ihnen geforderten Opfer zu unterrichten. Die Anfertigung und Zustellung eines besonderen Status an die Gläubiger erklären die Motive als kostspielige und überflüssige Schreiberei.[3]

Zugleich mit der Niederlegung ist der Vergleichstermin anzuberaumen, aber auf nicht länger als einen Monat. Zu ihm sind die nicht bevorrechtigten Gläubiger, welche Forderungen angemeldet haben unter Mitteilung des Vergleichsvorschlags und der Erklärung des Gläubigerausschusses besonders zu laden.[4] Eines besonderen Erörterungstermines zur Feststellung der Stimmrechte[5] bedarf es nicht, da dieselben schon bei Prüfung der Forderungen im Prüfungstermin festgestellt worden sind: K.-O. § 87, Abs. 1 (Motive p. 156). Eine ausdrückliche Ladung des Gemeinschuldners und des Konkursverwalters ist nicht erforderlich. Anmeldungen im Vergleichstermin selbst brauchen nicht angenommen zu werden, „es bleibt sonach möglich und empfehlenswert, auf Grund der Tabelle eine Liste der stimmberechtigten Gläubiger und Forderungen vor dem Vergleichstermine vorzubereiten, sie kann aber erst im Termine abgeschlossen werden" (Motive p. 156).

---

[1] A. M. v. Völderndorff Bd. II, p. 557 m. A. Petersen und Kleinfeller p. 497, 498.

[2] Über den Fall, daß der Gläubigerausschuß über eine nachträglich vom Schuldner beantragte Änderung des Zwangsvergleichs nicht gehört worden ist (kein wesentlicher Mangel) s. Wenglers Archiv, 1884, p. 662 flg.

[3] Motive p. 155. Pr. K.-O. § 182, 2.

[4] Die englische bankruptcy act art. 18, 2 fordert eine siebentägige Ladungsfrist.

[5] So Preußische K.-O. § 182, 2.

§ 8. Der Abschluß des Zwangsvergleichs im Vergleichstermine.

Die Beschlußfassung der Gläubiger und damit der Abschluß des Zwangsvergleichs geschieht in dem Vergleichstermine. Mit Aufstellung dieses Satzes wird zu der Frage über die Natur des Zwangsvergleichs, ob Vergleich, ob richterliches Urteil Stellung genommen.[1] Die nähere Begründung der hier vertretenen, jetzt ziemlich allgemein anerkannten Ansicht von der Vertragsnatur des Akkordes bleibt einem besonderen Abschnitte vorbehalten. Hier soll lediglich von der formellen Seite des Vergleichsabschlusses gehandelt werden.

Der Vergleichstermin, der, wie § 167 K.-O. sagt, auf Antrag des Gemeinschuldners mit dem öffentlichen Prüfungstermine verbunden werden kann[2], ist eine Gläubigerversammlung, an der der Schuldner entweder persönlich oder durch einen Bevollmächtigten vertreten teilnehmen muß.[3] Die Teilnahme des Verwalters wird zwar vom Gesetze nicht verlangt, ist dagegen in jedem Falle, auch wenn derselbe sich über den Vergleichsvorschlag schon gutachtlich ausgesprochen hat, zur Aufklärung der Sachlage und zur Vermittelung zwischen Schuldner und Gläubigern wünschenswert.[4] Die Gläubiger sind zur Teilnahme berechtigt, soweit sie ihre Forderungen vor dem Vergleichstermin angemeldet haben und nicht bevorrechtigte Konkursgläubiger sind. Auch sie können sich natürlich im Vergleichstermine vertreten lassen (§ 77 K.P.O.). Eine Praeklusivfrist für Anmeldung der Forderungen wird nicht aufgestellt; jede Forderung, die bis zum Vergleichstermine festgestellt ist (§ 130 K.-O.) oder nach § 87, 2 K.-O. zum Stimmen berechtigt, wird im Termin zugelassen. Es können also auch Forderungen noch zu Beginn des Termins angemeldet und zum Stimmen zugelassen werden, nur haben sie kein Recht mehr darauf. Alle nicht bevorrechtigten Konkursforderungen werden ohne Ausnahme zum Zwangsvergleiche zugelassen[5], die einschränkenden Bestimmungen, welche Forderungen

---

[1] S. o. § 3 und unten § 12.

[2] S. o. § 3 S. 7.

[3] Preußische K.-O. § 183 forderte persönliches Erscheinen des Schuldners außer in dem Falle, daß er durch Krankheit oder aus anderen Gründen persönlich zu erscheinen außer Stande ist.

[4] Die Preußische K.-O. setzte Erscheinen des Konkurverwalters voraus. — von Völderndorff Bd. II, p. 560, Nr. III.

[5] Die irische Bankruptcy- und Insolvency act fordert eine Mindestforderung von 20 £.

der Ehefrau und der nächsten Verwandten[1], oder Forderungen, die der betreffende Gläubiger sich erst nach der Zahlungseinstellung hat cedieren lassen[2], ausschließen sollten, sind zwar in der Kommission energisch vertreten worden, haben jedoch in der Konkursordnung keine Aufnahme gefunden. Die Motive weisen sie ausdrücklich als unpraktisch und eine unmotivierte Härte gegen die betreffenden Gläubiger enthaltend und, weil sich Mißbräuchen besser und ausreichend durch das Anfechtungsrecht, durch Strafbestimmungen und vor allem durch die gerichtliche Prüfung der Bestätigung des Akkordes begegnen läßt[3], zurück. Ebenso abweisend verhalten sich die Motive gegen das Verlangen, die Teilung einer Forderung zu verbieten.[4] Eine Teilung kann rechtlich völlig gültig auch noch nach der Zahlungseinstellung oder Konkurseröffnung vorgenommen werden. Allerdings können, wenn es noch ein und dieselbe Forderung ist, die mehreren Forderungsberechtigten zusammen nur als eine Person gelten und müssen sich miteinander über ihr Stimmrecht einigen (Motive p. 158)[5], jedoch ist der Umstand, daß die Forderungen mehrerer Gläubiger früher vereinigt waren, kein Grund dafür, die jetzigen Forderungsberechtigten nicht als selbständige Gläubiger mit selbständigem Stimmrechte gelten zu lassen.[6]

Für den Fall, daß mehrere Korrealberechtigte sich über die Abgabe ihrer gemeinsamen Stimme nicht einigen können, stimmen sie gar nicht. Es hat ein jeder dieselbe Berechtigung wie der andere, und der Widerspruch eines Einzigen macht demnach die Abstimmung der anderen ungültig.[6]

---

[1] So das dänische Konkursgesetz (§ 106), das spanische H.G.B. und das Schweizer Bundesgesetz §§ 293, 2, 305, 2.

[2] So das dänische Konkursgesetz § 106.

[3] Motive p. 158. [4] Österreichische K.-O. § 217, 1.

[5] Vgl. Preußische K.-O. § 186, 1. — Petersen und Kleinfeller p. 500 halten den Sinn der Motive p. 158 für unklar. Daß im Falle von Solidar- oder Korrealobligation nicht von geteilten Forderungen gesprochen werden kann, ist ebenso klar, wie daß in einem solchen Falle die solidarisch resp. korrealiter Berechtigten ihre Forderungen nur gemeinschaftlich geltend machen können, also nur ein Stimmrecht haben. Dies meinen wohl die Motive, wenn sie von „ein und derselben Forderung" sprechen, „die mehreren Personen zusteht", wie auch aus der citierten Pandektenstelle (l. 9. pr. D. de pactis 2, 14) hervorzugehen scheint. Unklar ist nur der Sinn der Worte „eine Forderung, die mehrere Personen zu bestimmten Teilen erworben haben". Eine solche Forderung, die auch anteilgemäß selbständig geltend gemacht werden kann, ist natürlich nicht mehr eine Forderung. Es sind dann ebenso viele Gläubiger als Teile vorhanden, und diese, so muß man den Sinn der Motive verstehen, treten als ebenso viele selbständige Stimmberechtigte im Termine auf.

[6] Von einer Abstimmung derselben untereinander, bei der Stimmenmajorität entscheidet und Stimmengleichheit die Abstimmung als verweigert

Ein Bevollmächtigter kann mehrere Gläubiger vertreten, wie beispielsweise ein Vormund mehrere Mündel. Er hat dann ebenso viele Stimmen und kann diese seiner Instruktion gemäß in verschiedenem Sinne abgeben. Bei Berechnung der Personenmajorität werden diese Stimmen als ebensoviele Personen gezählt.

Ein dem oben erwähnten Falle der Korrealobligation ähnlicher liegt vor, wenn eine Forderung gepfändet und zur Einziehung überwiesen ist.[1] Hier ist der Forderungsberechtigte der Schuldner, der Einziehungsberechtigte der Gläubiger. Da nur eine Forderung vorliegt, haben sie natürlich nur eine Stimme gemeinsam. Sie müssen sich demnach über Abgabe derselben einigen und können, falls sie sich in Widerspruch befinden, überhaupt nicht stimmen.[2]

Ein Konkursgläubiger, der sich den anderen Gläubigern gegenüber für die Erfüllung des Akkordes verbürgt, verliert dadurch sein Stimmrecht nicht.

Die Frage der Stimmberechtigung ist bei Beginn des Vergleichstermins zu erörtern und die Berechtigung eventuell an der Hand der vorher vorbereiteten Liste festzustellen.

Hierauf wird die Verhandlung über den Vergleichsvorschlag eröffnet. Es ist zunächst der Vergleichsvorschlag sowie etwaige Erklärungen Dritter, die dem Vergleich beitreten, zum Beispiel Bürgschaft übernehmen wollen, vorzutragen. Hierauf gelangt die Erklärung des Gläubigerausschußes über die Annehmbarkeit des Vorschlags zum Vortrage, der Konkursverwalter erklärt, ob er den Vorschlag befürwortet und giebt, wenn nötig, Auskunft über den dermaligen Stand des Konkurses und die eventuelle Sachlage bei Annahme resp. Ablehnung des Vorschlags. Wird hierauf eine Abänderung von keiner Seite beantragt, so erfolgt die Abstimmung. Das Resultat wird sofort bekannt gemacht, und zwar in der Weise, dass konstatiert wird, wie viele der anwesenden Gläubiger für und wie viele gegen den Vergleich gestimmt haben, wie hoch sich die Forderungen der beiden Parteien belaufen und ob diejenigen der zustimmenden Gläubiger die erforderliche Höhe von $^3/_4$ aller Forderungen erreichen. Nach Bekanntmachung des Resultats der Abstimmung fragt der Richter, wenn der Vergleich

---

ansehen läßt, wie sie Fuchs (Konkursprozeß p. 146, Anm. 20) fordert, weiß das Gesetz ebensowenig etwas, wie von der Ansicht, die im Falle des Widerspruchs unter den einzelnen Gläubigern die Stimme als gegen den Zwangsvergleich abgegeben ansieht.

[1] Nähere Ausführung dieses Falles s. Petersen und Kleinfeller p. 506, 507.

[2] A. M. Kohler in Buschs Zeitschrift, Bd. X, p. 205, der auch hier im Falle des Widerspruchs die Stimme als gegen den Zwangsvergleich abgegeben ansieht.

angenommen ist, den Konkursverwalter, die Mitglieder des Gläubigerausschußes, sowie die übrigen Gläubiger, ob sie vor der Entscheidung über die Bestätigung resp. Verwerfung des Vergleichs noch Bemerkungen zu machen oder Anträge zu stellen haben. Wird von keiner Seite etwas bemerkt, so wird sogleich im Termin der Bestätigungsbeschluß durch Vorlesen verkündet. Das Protokoll über den Vergleichstermin ist ebenfalls vorzulesen und zu genehmigen. Unterzeichnung seitens der Beteiligten ist nach C.P.O. § 148, 149 nicht erforderlich,[1] jedoch ist es üblich, daß der Verwalter das Protokoll unterschreibt.

Dies ist der gewöhnliche Hergang in einem Vergleichstermine. Im Folgenden sind die näheren Einzelheiten sowie die Ausnahmen von dem regelmäßigen Verlaufe näher zu erläutern.

Zur Annahme eines Vergleichs erfordert § 169 K.-O. eine doppelte Majorität und zwar einfache Kopfmajorität der im Termin anwesenden Gläubiger und $^3/_4$ Summenmajorität aller zum Stimmen berechtigenden Forderungen. Es verlangt demnach die Konkursordnung für den Beschluß über Annahme des Zwangsvergleichs eine Erweiterung der Majorität gegenüber der von § 86 K.-O. für sonstige Beschlüsse einer Gläubigerversammlung geforderten. Sie handelt damit in Übereinstimmung mit der Preusischen Konkursordnung (§ 186) und mit allen ausländischen Konkursgesetzen.[2]

Die einfache Kopfmajorität verlangt ausdrückliche Zustimmung der Mehrzahl der in dem Termin anwesenden stimmberechtigten Gläubiger. Es ist dies ein Festhalten an der Bestimmung des § 89 K.-O. Selbstverständlich ist, daß als anwesend auch die-

---

[1] a. M. Französisches Fallimentsgesetz art. 509.

[2] Frankreich, Fallimentsgesetz art. 507, Italien, H.G.B. art. 233, Belgien H.G.B. art. 512, Griechenland H.G.B. art. 514 verlangen einfache Majorität aller stimmberechtigten Gläubiger und $^3/_4$ Summenmajorität, Spanien, H.G.B. art. 901 einfache Kopfmajorität der anwesenden Gläubiger und $^3/_5$ Summenmajorität. Österreich, K.-O. $^2/_3$ Kopf- und $^3/_4$ Summenmajorität, Niederlande, H. G. B. art. 841 $^2/_3$ Kopf- und $^3/_4$ Summenmajorität oder umgekehrt, ebenso Argentinien, H. G. B. art. 1620, Brasilien einfache Kopfmajorität aller Gläubiger und $^3/_4$ Summenmajorität, Chile, H. G. B. art. 1436 einfache Kopfmajorität der anwesenden Gläubiger und $^3/_5$ Summenmajorität, Schweiz, Bundesgesetz art. 305 $^2/_3$ Kopf- und $^2/_3$ Summenmajorität. England bankruptcy act. art. 18, Joint Stock Comp. arr. act. s. 2 nur $^3/_4$ Summen- und keine Kopfmajorität.

Dänemark, Konkursgesetz art. 108 fordert $^3/_4$ Summen- und $^2/_3$ Kopfmajorität und falls der Akkord nicht mindestens 50% bietet $^3/_4$ Kopfmajorität, besitzt demnach, wenn auch in beschränktem Maaße, die in neuerer Zeit auch bei uns vielfach gewünschte Forderung eines Minimalprocentsatzes für Annahme des Akkordes.

Originell ist die Irische bankruptcy and insolvency act., die eine zweimalige Abstimmung und Annahme mit $^3/_5$ Wert- und Kopfmajorität fordert.

jenigen Gläubiger zu zählen sind, die sich durch einen Bevollmächtigten rechtsgiltig vertreten lassen. Dagegen werden nach ziemlich einstimmig in der Litteratur[1] anerkannter Ansicht diejenigen anwesenden Gläubiger, welche sich der Abstimmung enthalten, als nicht erschienen angesehen. Dies ist, abgesehen von der Analogie von § 289 C.P.O., die einzige Ansicht, welche zu befriedigenden Resultaten führen kann. Warum soll einem Gläubiger die Möglichkeit genommen werden, im Termin zu erscheinen und sich der Abstimmung zu enthalten? Es wird versucht[2] durch ein argumentum ad hominem nachzuweisen, daß jeder nicht Mitstimmende von vornherein als „Neinsager“ sich qualificiere. Das ist unrichtig. Ein Gläubiger kann sehr wohl Interesse daran haben, nicht zu stimmen und trotzdem dem Termin beizuwohnen, z. B. in dem Falle, daß ihm an dem Zustandekommen des Vergleichs nichts gelegen ist, er aber aus persönlichen oder geschäftlichen Rücksichten für den Schuldner nicht gegen den von diesem proponierten Vergleich stimmen will. Diese Möglichkeit soll ihm durch die Ansicht v. Völderndorff's genommen werden. Auch die Motive scheinen, wenn sie sich auch nicht ausdrücklich über diese Frage äußern, in ihrer Erläuterung zu § 89 die herrschende Ansicht zn unterstützen.

Absonderungsberechtigte, die mit ihrem Ausfalle sich an der Abstimmung beteiligen, werden natürlich bei Berechnung der Kopfmajorität mitgezählt.

Die Majorität der Summen fordert als Gesamtsumme der Forderungen der zustimmenden Gläubiger $^3/_4$ der Gesamtsumme aller stimmberechtigten Gläubiger. Es werden also hier auch die Forderungen der weder Erschienenen noch durch einen Bevollmächtigten Vertretenen gezählt. Auf Grund der Tabelle wird die Gesamtsumme aller nicht bevorrechtigten Konkursforderungen festgestellt, die den oben entwickelten Anforderungen an die Stimmberechtigung genügen. Die Motive erklären diese die Bestimmung der §§ 86, 1, 2, 3 K.-O. verschärfende Maßnahme damit, daß auch das Interesse der im Termin nicht erschienenen Gläubiger, die doch dem abgeschlossenen Zwangsvergleiche unterliegen, gewahrt werden müsse und dies in genügender Weise geschehe, wenn bei der Summenzahl ihre stimmberechtigten Forderungen berücksichtigt würden (Motive p. 159.) Auch bei der Kopfmajorität die abwesenden Gläubiger mitzuzählen, halten die Motive für schwerlich zum Nutzen der Sache dienend.[3]

[1] a. M. nur v. Völderndorff Bd. II p. 580.

[2] v. Völderndorff a. a. O. Anm. 14.

[3] Das Französische Fallimentsgesetz art. 507 hat den art. 522 des Code, der ebenfalls nur die anwesenden Gläubiger bei Berechnung der Kopfmajorität

Wird nur eine der beiden erforderlichen Majoritäten erzielt, so gilt damit der Vergleich nicht unbedingt als abgelehnt, vielmehr kann der Gemeinschuldner die einmalige Wiederholung des Termines verlangen. Dieser Antrag muß vor Schluß des Termines, d. h., bevor das Protokoll vorgelesen ist, gestellt werden. Das Gericht muß dem Antrag stattgeben und einen neuen Vergleichstermin ansetzen. Über die Zeit, innerhalb deren der neue Termin anzuberaumen ist, enthält zwar § 169 K.-O. keine Bestimmung, jedoch wird analog § 166 K.-O. die Frist nicht länger als 1 Monat sein dürfen. (In der Praxis ist sie fast immer kürzer.)[1] Das Gesetz gestattet zwar seinem Wortlaute nach nur eine Wiederholung der „Abstimmung“, jedoch ist dies an der Hand der Motive,[2] die sagen, „die Verhandlung ist in allen Teilen zu wiederholen, die früheren Erklärungen haben an sich keine Wirkung“, so zu interpretieren, daß ein vollständig neuer Termin stattzufinden hat, in dem auf den vorigen Termin höchstens in Betreff der Feststellung der Stimmberechtigung, aber auch dieses nur soweit kein Widerspruch erhoben wird, Bezug genommen werden darf.[3] Eine Wiederholung nur der Abstimmung hätte praktisch wenig oder keinen Wert, weil das Resultat, da ein Gläubiger kaum seine Ansicht ändern wird, nur durch das Erscheinen von Gläubigern, die im ersten Termine nicht anwesend waren, betreffs der Kopfmajorität geändert werden könnte, und auch dies durch die Bestimmung, daß der neue Termin nur durch Verkündung im alten, also nicht durch erneute Ladung oder öffentliche Bekanntmachung bestimmt werden soll, höchst unwahrscheinlich wird.[4] Die Anberaumung eines neuen Termins enthält betreffs der Ladung lediglich eine Vertagung. Daß es dem Cridar gestattet sein muß, seinen Vorschlag in der Zwischenzeit, ja noch im neuen Termine

in Betracht zog, ausdrücklich dahin abgeändert, daß auch hier sämtliche stimmberechtigte Gläubiger mitgezählt werden. Renouard motiviert diese Bestimmung Bd. II p. 65 folgendermaßen ... „il y avait inconséquence á calculer la majorité des trois quarts en somme sur l'état des créances vérifiées et affirmées, et à ne pas recourir au même état pour calculer le nombre de votes nécessaires au concordat.“

Ebenso Italien, Belgien, Ägypten, Griechenland, Brasilien a. a. O.

[1] Code de commerce art. 522, Falliments-Gesetz art. 509 und nach diesen die Preuß. Konkursordnung § 187, sowie das Österreichische (§ 218, 219), Dänische (§ 109), Holländische (art. 842), Argentinische (art. 1623), Belgische (art. 515), Chilenische (art. 1463) Recht fordern eine 8tägige Vertagung von Amtswegen für den Fall, daß nur eine Majorität erreicht wird. Griechenland (H.G.B. art. 514 1,2) hat einen 14tägigen Aufschub auch für den Fall, daß „eine bedeutende Anzahl der Gläubiger mit dem Akkord einverstanden ist.“

[2] Motive p. 160.

[3] Ähnlich v. Völderndorff, Bd. 2 p. 584. Anm. 22.

[4] Vgl. § 85,2 K.-O.

selbst zu Gunsten der Gläubiger zu ändern, liegt in der Natur der Sache und wird oft geschehen, da sonst doch ein günstigeres Resultat schwerlich erreicht werden wird. Eine Änderung zu Ungunsten der Gläubiger ist, abgesehen davon, dass sie praktisch nicht vorkommen wird, unzulässig, da sie einer öffentlichen Bekanntmachung bedürfen würde.[1]

Wird auch in dem zweiten Vergleichstermine eine glatte Annahme nicht erzielt, so ist der Vergleichsvorschlag abgelehnt. Dies wird im Termin verkündet. Eines besonderen Beschlusses des Konkursgerichts, daß das Verfahren seinen Fortgang nehme, bedarf es nicht.[2] Das Konkursverfahren findet seine Erledigung, als wäre gar kein Vergleichsvorschlag gemacht worden. Ein die Versilberung der Masse beschränkender Beschluß ist durch einen gegenteiligen Beschluß aufzuheben.[3] Der Schuldner kann den Vergleichsvorschlag wiederholen, derselbe unterliegt dann aber den Bestimmungen des § 163 K.-O. Fällt die Abstimmung gleich in dem ersten oder in dem wiederholten Termine zu Gunsten des Zwangsvergleiches aus, so ist der Vergleich angenommen, bedarf aber noch der Bestätigung des Konkursgerichtes (§ 170 K.-O.).

§ 9. Die Bestätigung des Zwangsvergleiches.

1. Die Bestätigung muß erteilt werden und zwar ohne Antrag. Das Gericht darf sie nur in den Fällen der §§ 172, 173 K.-O. versagen. Sind also die für das Verfahren und den Abschluß des Vergleiches gegebenen Vorschriften beobachtet, liegt kein Fall der Unzulässigkeit eines Zwangsvergleiches (§§ 162, 168 K.-O.) vor, und ist kein Antrag von einem dazu berechtigten Gläubiger gestellt, so hat das Gericht den Bestätigungsbeschluß zu erlassen.[4] Zum Zwecke der Feststellung der obigen Erfordernisse der Bestätigung verlangt § 170,2 K.-O. die vorherige Anhörung der Gläubiger, des Verwalters und des Gläubigerausschusses in dem Vergleichstermine oder in einem zu verkündenden Termine. In der Regel werden sofort nach Feststellung des günstigen Abstimmungsresultates die Gläubiger, der Konkursverwalter und der Gläubigerausschuss gefragt, ob sie noch Anträge zu stellen haben; verneinen sie das, so erfolgt sofort die Verkündung des Bestätigungsbeschlusses.

---

[1] Vgl. auch §§ 85,2, 164, 165 K.-O.

[2] So Endemann, p. 598. — a. M. Petersen und Keinfeller p. 511.

[3] a. M. v. Völderndorff, Bd. II. p. 590. Anm. 1.

[4] Übereinstimmend die meisten fremden Rechte. Griechenland H.G.B. art. 581, 477, versagt die Bestätigung auch, wenn keine unterschriebenen Bücher oder keine Bilanz vorgelegt ist, oder der Cridar nicht behufs Verificierung der Bücher vor dem Verwalter erschienen ist.

Voraussetzung für diese häufigste und schnellste Erledigung des Verfahrens ist, daß die Vorbereitung betreffs des Zustandekommens etc. des Vergleiches schon vor dem Vergleichstermine erfolgt ist.[1]

Erheben sich im Vergleichstermine irgend welche Schwierigkeiten, wie z. B. Unklarheiten über das gesetzmässige Zustandekommen des Vergleiches etc., so kann das Gericht die Bestätigung bis zu einem neuen Termine aussetzen. Dieser ist zu verkünden und zwar, wie aus der ganzen Fassung des § 170 K.-O. hervorzugehen scheint, in dem Vergleichstermine selbst. Es bedarf weder öffentlicher Bekanntmachung, noch einer besonderen Ladung, und schon daraus ergiebt sich, daß der betreffende Termin in dem Vergleichstermin anberaumt werden muß.[2] Auch in diesem Falle ist natürlich erforderlich, daß die Beteiligten „gehört" werden. Es ist die Frage, ob schriftliche, in der Zwischenzeit gestellte Anträge auf Verwerfung des Vergleichs zuzulassen sind. Die Frage ist nur insofern zu bejahen, als die Anträge zu beachten sind, wenn sie in dem Termine auch von einem anwesenden Gläubiger vertreten werden („in einem Termine gehört hat").[3] Daß der Wille des Gesetzgebers auf Ausschluß lediglich schriftlicher Anträge geht, folgt aus der von der Kommission[4] vorgenommenen Änderung des Entwurfes, der nur die Verkündung,

---

[1] Die in der Praxis übliche Form des Bestätigungsbeschlusses bei ganz glattem Verlaufe des Verfahrens ist folgende: Verkündet den 18. Februar 95. XY. Als Gerichtsschreiber. Beschluß: In dem Konkursverfahren über das Vermögen des Z. wird, nachdem der von dem Gemeinschuldner gemachte Vergleichsvorschlag angenommen worden ist, da in dem Vergleichstermine die Mehrzahl der anwesenden stimmberechtigten Gläubiger deren Forderungen zusammen 3870 M. betragen, während die Gesamtsumme aller zum Stimmen berechtigenden Forderungen 4110 M. beträgt, demselben ausdrücklich zugestimmt hat (§ 169 K.-O.), nach Anhörung der Gläubiger, des Konkursverwalters und des Gläubigerausschusses, da auch im übrigen die für das Verfahren und den Abschluß des Vergleiches gegebenen Vorschriften beobachtet worden sind, und ein Fall der Unzulässigkeit des Verfahrens nicht vorliegt, da endlich Anträge, den Vergleich zu verwerfen, von keiner Seite gestellt worden sind, der im Vergleichstermine vom 18. Februar 1895 angenommene Zwangsvergleich hierdurch bestätigt.

Leipzig, den 18. Februar 1895. Königliches Amtsgericht.

[2] So Endemann p. 599, v. Sarwey p. 791, s. Petersen und Kleinfeller p. 510, 2, auch v. Völderndorff, Bd. II, p. 587, IV, der allerdings für den Fall, daß der Richter erklärt „über die Bestätigung werde ich nochmals verhandeln" eine Ausnahme machen will, die aber der Begründung entbehrt. Der Ausspruch des Richters wird wohl von seiten der Beteiligten die Frage „Wann denn"? hervorrufen.

[3] Protokolle p. 184, 185. v. Sarwey a. a. O., a. M. zum Teil v. Völderndorff, Bd. II, p. 586.

[4] Abg. Wölfel in der Kommission: er halte die Zulassung einer schriftlichen Erklärung für bedenklich, da dieselbe möglicherweise nicht zur Kenntnis der übrigen Beteiligten komme".

nicht aber auch die Ansage in einem Termine forderte. An der Verhandlung über die Verwerfungsanträge können auch Gläubiger teilnehmen, die an der Beratung über den Zwangsvergleich nicht teilgenommen haben.[1]

II. Es ist weiter zu erörtern, aus welchen Gründen eine Verwerfung des Zwangsvergleichs erfolgen muß. Man hat zwei Kategorien von Verwerfungsgründen zu unterscheiden, die von Amtswegen (§ 172) und die auf Antrag eines Konkursgläubigers zu berücksichtigenden (§ 173). In den Verhandlungen der zur Vorberatung der Konkursordnung gewählten Kommission fragte Goldschmidt an, ob auch aus anderen Gründen als den in §§ 172, 173 K.-O. erwähnten die Bestätigung versagt werden dürfe, und erhielt darauf von Reg.-Rat Hagens die Antwort: Nein. Die §§ 172, 173 K.-O. seien exklusiv, jedoch lasse § 173 auch die Beachtung anderer für die Beantwortung der beiden exklusiven Fragen wesentlicher Momente zu, wie z. B. unsicheres, Mißtrauen erweckendes Verhalten des Schnldners, äußerst geringe Majorität bei Annahme des Zwangsvergleichs.[2]

1. Die von Amtswegen zu berücksichtigenden Verwerfsgründe des § 172 K.-O. sind: Nichtbeobachtung der für Verfahren und Abschluß des Vergleiches gegebenen Vorschriften, wenn das Fehlende nicht ergänzt werden kann, und nachträgliches Eintreten eines Falles der Unzulässigkeit eines Zwangsvergleiches.[3] In diesen Fällen darf das Gericht den Vergleich nicht bestätigen.[4] Es muß auch ohne Antrag verwerfen, selbst falls die geschädigten Parteien etwa stillschweigend oder ausdrücklich auf den Anspruch auf Verwerfung verzichten sollten, weil, wie die Motive sagen „das Urteil über den Kreis dieser Parteien hinausgeht",[5] da ja auch die nichtbeteiligten Konkursgläubiger durch den Vergleich gebunden werden. Aber selbst wenn, was ja nur äußerst selten vorkommen wird, alle dem Vergleiche unterliegenden Gläubiger ihre Einwilligung zur Nicht-

---

[1] Petersen und Kleinfeller p. 510.

[2] Vgl. Protokoll a. a. O.

[3] Weiter geht das Französische Falliments-Gesetz. art. 515 in Abänderung des code de commerce art. 526 f.: en cas d'inobservation des règles ci-dessus prescrites ou lorsque des motifs tirés, soit de l'intérêt public, soit de l'intérêt des créanciers paraitront de nature à empêcher le concordat, le Tribunal en refusera l'homologation (vgl. Renouard, Bd. II, p. 106 f.) und mit ihm die preußische Konkurs-Ordnung § 193, 3. Ägypten, H.G B. art. 357. Belgien, H.G.B. art. 517. Ähnlich Chile, H.G.B. art. 1475.

[4] England, Bankr. act art. 18, 4: Das Gericht kann die Genehmigung versagen, wenn die Vergleichsbedingungen der Gläubigerschaft ungünstig sind, oder wenn Umstände vorliegen, die die Rückweisung der Decharge rechtfertigen würden.

[5] Motive p. 162.

beachtung des § 172 K.-O. ausdrücklich aussprechen sollten, würde dem Wortlaute des Gesetzes entsprechend nicht ein Akkord, sondern nur die Beendigung des Konkurses nach § 188 K.-O. zulässig sein.[1] Fälle der Nichtbeachtung der für Verfahren und Abschluß gegebenen Bestimmungen[2] liegen besonders vor, wenn den Vorschriften des § 160 über die Zeit zum Abschlusse eines Zwangsvergleiches oder des § 166 über die Anberaumung des Termins, die Bekanntmachung desselben und die Ladung der angemeldeten Gläubiger zuwidergehandelt, oder wenn die Einholung[3] oder Niederlegung des Gutachtens des Konkursverwalters oder Gläuberausschusses verabsäumt worden, ist.

Die Fälle des § 161, wie die des § 162 K.-O. gehören gleichfalls hierher. Für letztere scheint Nr. 2 dies nur im Falle des nachträglichen Eintritts anzuerkennen, jedoch ist klar, daß, wenn ein Fall der Unzulässigkeit schon früher vorgelegen hat und aus Versehen bis nach dem Vergleichstermine unbeachtet blieb, wie dies wohl am leichtesten mit § 162, 3 K.-O. vorkommen kann, natürlich die Bestätigung erst recht zu versagen ist. Auch ein Vergleich, der den Anforderungen des § 168 K.-O. nicht entspricht, also einen oder mehrere Gläubiger vor den anderen bevorzugt, ist, wenigstens soweit die Verschiedenheit in Betreff der Gläubiger aus dem Vergleiche selbst hervorgeht, von dem Gerichte zu verwerfen, wenn nicht die von § 168 geforderte ausdrückliche Zustimmung der benachteiligten Gläubiger nachträglich eingeholt, also das Fehlende ergänzt werden kann. Stellt allerdings der Vergleich formell die Gläubiger gleich, und sind nur geheime Abkommen des Cridars oder anderer Personen mit einzelnen Gläubigern vorhanden, durch welche diese bevorzugt werden sollen, so ist es nicht nur nicht Sache des Gerichts diese interne Ungleichheit zu untersuchen,[4] sondern es wird selbst dann, wenn es zufällig, sei es von einem Gläubiger oder einem Dritten Kenntnis davon erlangt hat, den Antrag des § 176 K.-O. abzuwarten haben.[5]

---

[1] So v. Völderndorff, p. 592. Anm. 10.

[2] S. z. Folgenden Wenglers Archiv 1884, p. 662.

[3] a. M. v. Völderndorff, Bd. II, p. 591; v. Sarwey, p. 795 und Wenglers Archiv, 1884, p. 662, die den Mangel des § 164 nicht für wesentlich halten. Richtige Ansicht Petersen u. Kleinfeller, p. 512, 513.

[4] Abweichend Preußische Konkursordnung, § 193, 2, die die Bestätigung schon für den Fall eines „gegründeten Verdachtes" einer „heimlichen Begünstigung" versagt.

[5] Petersen und Kleinfeller, p. 513. — von Völderndorff, Bd. II, p. 591. — v. Sarwey, p. 795. Weiter gehend Meisner, die deutsche Konkursordnung mit Kommentar, p. 354 Anm. 7, der Mängel des § 168 stets dem § 173 unterstellt.

Der Passus des Gesetzes, „wenn sich das Fehlende nicht ergänzen läßt,“ bezieht sich hauptsächlich auf die Fälle, in denen ein Bevollmächtigter ohne oder mit ungenügender Vollmacht zugelassen, oder die Vertretungsbefugnis eines gesetzlichen Vertreters nicht genügend geprüft worden ist. Hängt in diesen Fällen das Zustandekommen des Vergleiches von der betreffenden Stimme ab, so ist vor Verkündung des Bestätigungsbeschlusses die Vollmacht oder der Nachweis nachzuholen.[1] Ähnlich ist die Ergänzung im Sinne des § 170, 2 zulässig. Die Motive[2] fassen die Funktionen des Gerichts für § 172 zusammen in den Worten: „Das Gericht ordnet entweder durch Vorbescheid die Ergänzung des Fehlenden an, oder setzt geeignetenfalls die Verhandlung aus oder erkennt auf Verwerfung. Es muß ihm dabei diskretionäre Befugnis zugestanden werden, inwieweit es die nicht beobachteten Vorschriften für wesentlich und die Verwerfung bedingend hält.“ Natürlich liegt es nicht im Belieben des Gerichts, ob es den Vergleich verwerfen oder das Fehlende ergänzen will, sondern ersteres darf, wie schon aus dem Wortlaute des § 172, 1 hervorgeht, nur geschehen, wenn letzteres nach Ansicht des Gerichts uumöglich ist.

Die Verwerfung eines geschlossenen Akkordes von Amtswegen ist in der Praxis äusserst selten.[3]

2. Häufiger und entsprechend wichtiger sind die Fälle des § 173 K.-O. Dieser fordert die Verwerfung auf Antrag eines nicht bevorrechtigten Konkursgläubigers, welcher stimmberechtigt war oder seine Forderung glaubhaft macht, unter zwei Voraussetzungen:

a) „wenn der Vergleich durch Begünstigung eines Gläubigers oder sonst in unlauterer Weise zu stande gekommen ist.“ Der Entwurf[4] verlangte heimliche Begünstigung oder Betrug. Diese Fassung ist geändert worden,[5] so daß nunmehr die Verwerfungsgründe sich nicht auf den Betrug beschränken, sondern jedes unlautere Zustandekommen des Zwangsvergleiches umfassen. Vor allen Dingen fällt unter diesen Gesichtspunkt der Stimmenkauf und das Auskaufen eines Gläubigers. Auch offene Begünstigung eines Gläubigers gehört hierher, denn das früher in § 180 des Entwurfs enthaltene Merkmal der Heimlichkeit ist ausgemerzt worden; jede Begünstigung fällt nun unter § 168 und somit, soweit sie nicht bereits

[1] vgl. Petersen und Kleinfeller, p. 503.

[2] Motive p. 112.

[3] An dem Leipziger Amtsgerichte sind, wie mir der Vorstand der Abteilung für Konkurssachen versicherte, in den letzten 16 Jahren im Ganzen zwei Fälle vorgekommen, in denen ein Zwangsvergleich auf Grund von § 172 verworfen worden ist.

[4] Entwurf § 180.

[5] Motive p. 163.

von § 172 getroffen wird, unter § 173. Erforderlich ist nur, daß der Zwangsvergleich auf unlautere Weise zu stande gekommen ist, daß also die Begünstigung oder sonstige unlautere Manipulation für den Abschluß ursächlich gewesen ist. In dem Falle des § 168, d. h. wenn sämtliche zurückgesetzten Gläubiger der Begünstigung eines einzelnen zugestimmt haben, würde an sich kein unlauteres Vorgehen zu finden sein, da die Begünstigung durch die Zustimmung der Benachteiligten zulässig geworden ist. Ist sie jedoch eine derartige gewesen, daß nur durch sie der Zwangsvergleich zu stande gekommen ist, so muß auf Antrag eines Gläubigers, selbst eines solchen, der seine Einwilligung ausdrücklich ausgesprochen hat, der Vergleich verworfen werden, da in diesem Falle die Begünstigung, also eine an sich unlautere Manipulation, den Akkord ermöglichte, und der § 173, 1 den Antrag eines Gläubigers, der zugestimmt hat, nicht ausschließt.

Ob der Schuldner oder ein Dritter den Vergleich durch unlautere Mittel zu stande gebracht hat, ist für Anwendbarkeit des § 173 gleichgültig. Es soll nach dem Motiv des Gesetzes[1] ein auf unlautere Weise zu stande gekommener Vergleich nicht bindend sein für die übrigen Gläubiger, sofern nur einer derselben dagegen durch seinen Antrag reagiert.

b) „wenn der Zwangsvergleich dem gemeinsamen Interesse aller Konkursgläubiger widerspricht.“ Dieser Fall tritt naturgemäß nur sehr selten ein, da meist ein derartiger Vergleich überhaupt nicht geschlossen, sondern a limine abgelehnt wird. Die Frage, ob ein solcher Fall vorliegt, hat das Gericht nach freier Prüfung der Sachlage zu entscheiden. Es wird dabei hauptsächlich darauf Wert zu legen haben, in welchem Verhältnis die durch den Vergleich den Gläubigern in Aussicht gestellte Quote zu der durch eine eventuelle Fortführung des Konkursverfahrens zu erzielenden steht. Außerdem ist auf die von dem Schuldner für Erfüllung des Vergleichs gebotene Sicherheit, resp. auf die Wahrscheinlichkeit, die in seiner Person für prompte Erfüllung des Vergleiches zu finden ist, zu achten; dabei ist auch das Vorleben des Schuldners in Betracht zu ziehen, z. B. zu erwägen, ob er schon einen schlechten Konkurs gemacht,[2] ob er schon früher durch Zwangsvergleich übernommene Verpflichtungen nicht oder nur mangelhaft erfüllt hat. Schließlich hat das Gericht die Art, in der der Akkord zu stande gekommen ist, zu beachten.[3] Die preußische Konkursordnung stellte

---

[1] v. Sarwey, p. 595.
[2] Vgl. Nov. z. Preußischen Konkursordnung v. 12. März 1869, § 193, 2 u. 4.
[3] So v. Völderndorff, Bd. II, p. 596. — a. M. Petersen und Kleinfeller, p. 514.

kasuistisch Beispiele auf, in denen der Zwangsvergleich der Regel nach als dem Interesse aller Konkursgläubiger widersprechend angesehen werden sollte, und zwar: wenn die Majorität durch die Stimmen solcher Gläubiger, denen neben dem Cridar noch andere Personen solidarisch verpflichtet sind, gegenüber den Stimmen anderer, denen der Gemeinschuldner allein haftet, zu stande gekommen ist, oder die erforderliche Majorität durch die Stimmen Verwandter, oder solcher Gläubiger, die erst nach der Konkurseröffnung ihre Forderung durch „freiwillige" Rechtsgeschäfte erworben haben, erzielt worden ist. Die Motive[1] bezeichnen diese Fälle als „sehr bemerkenswerte Beispiele", die aber ohnedies der aufmerksamen Beurteilung des Richters nicht entgehen werden, und denen man mit ebenso gutem Rechte noch andere (einfacher Bankerott[2] etc.) an die Seite stellen könnte.[3] Sie sind aus diesen triftigen Gründen in der Konkursordnung weggelassen worden, ebenso wie der Verwerfungsgrund des öffentlichen Interesses,[4] der dem Ermessen des Richters einen all zu weiten Spielraum gewährt.

Der Antrag muß in dem Termine mündlich gestellt, oder wenigstens, wenn er schriftlich eingereicht oder zu Protokoll erklärt ist, mündlich wiederholt und vertreten werden. Streitig ist die Frage wie lange der Antrag zulässig sei. Ich schließe mich der von Petersen und Kleinfeller[5] vertretenen Ansicht an, die nur bis zu der erfolgten Bestätigung des Zwangsvergleiches, nicht aber in der Beschwerdeinstanz den Antrag zulassen. Es scheint mir der Schluß logisch unabweisbar zu sein, daß, wenn der Vergleich, da kein Antrag gestellt ist und ein Verwerfungsgrund von Amtswegen (§ 172) nicht vorliegt, von dem Richter bestätigt worden ist, die Bestätigung eine gültige sein muß. Es liegt für die Beschwerdeinstanz schlechterdings kein Grund vor, einen derartigen Beschluß auf nachträglichen Antrag hin umzustoßen, und weder § 533 C.P.O., der lediglich die Nachholung neuer Thatsachen und Beweismittel gestattet, noch die Thatsache, daß die Beschwerdeinstanz, wenn sich nachträglich ein Verwerfungsgrund des § 172 herausstellt, den bestätigenden Beschluß aufheben kann, ist im stande, die gegenteilige Ansicht der obigen Erwägung gegenüber zu halten.

---

[1] Motive p. 164, 165.

[2] So Code de Commerce, art. 521.

[3] Einen Fall des § 173 Z 2, s. auch Archiv für civilistische Entscheidungen 1884, p. 667 und p. 669 Abs. 2.

[4] Fallimentsgesetz art. 515, „des motifs tirés, soit de l'intérêt public, soit de l'intérêt des créanciers." Ebenso die dem französichen Rechte folgenden Gesetze.

[5] Kommentar, p. 515, a. M., v. Sarwey, p. 802. — v. Völderndorff, p. 592. — v. Wilmowski, p. 433, 1.

Antragsberechtigt ist jeder nicht bevorrechtigte[1] Konkursgläubiger, d. h. jeder, der durch den Zwangsvergleich berührt wird, der ein Interesse an der Bestätigung oder Verwerfung desselben haben kann. Eine Ausschließung derjenigen Konkursgläubiger, die sich am Zwangsvergleichsverfahren bisher nicht beteiligt, resp. in dem Termine nicht mitgestimmt haben, ist unthunlich, da auch sie durch den Akkord gebunden werden (§ 178 K.-O.). Zum Zwecke der Kontrole wird gefordert, daß der Antragsteller, sofern er nicht stimmberechtigt im Vergleichstermine war, seine Forderung nach § 266 C.P.O. glaubhaft mache. Dagegen sind nicht antragsberechtigt die Gläubiger des § 56 K.-O.,[2] denn Gläubiger, die ihre Forderungen im Konkurse nicht geltend machen können, sind keine Konkursgläubiger, und nur solche läßt § 173 expressis verbis zum Antrage zu.

Daß ein Gläubiger in dem Vergleichstermine für den Vergleich gestimmt hat, schließt, da § 173 hierüber nicht Gegenteiliges sagt, seinen Antrag auf Verwerfung nicht aus. Er kann sehr wohl nachträglich Kenntnis von Thatsachen erhalten haben, die ihn veranlassen, nunmehr ein Gegner des Vergleiches zu sein, ebenso wie er infolge persönlichen Irrtums, oder falscher Instruktion versehentlich gegen seine eigenen Interessen gestimmt haben kann.

Die Zulassung des Antrags hängt davon ab, daß die ihm zu Grunde liegenden Thatsachen glaubhaft gemacht werden. Diese Fassung ist von der Kommisson auf Antrag des Abgeordneten von Vahl an Stelle der früheren „die Thatsachen, auf welche der Antrag gegründet wird, sind glaubhaft zu machen", die der Entwurf enthielt, gesetzt worden. Der erfolgreiche Antrag des Abgeordneten v. Vahl wurde damit motiviert,[3] die neue Fassung bezwecke klarzustellen, daß die Glaubhaftmachung nur ein formelles Erfordernis der Zulassung des Antrags, und der Nachweis der begründenden Thatsachen noch außerdem zu führen sei. Wird demnach ein Antrag nach § 173 ohne Glaubhaftmachung gestellt, so ist derselbe nicht zuzulassen, sondern zurückzuweisen, d. h. das Gericht hat ihn als nicht vorhanden anzusehen und in dem Verfahren fortzufahren. Ist dagegen der Antrag nach § 266 C.P.O. ausreichend glaubhaft gemacht, so muß das Gericht über ihn verhandeln, und der Antragsteller hat die dem Antrage zu Grunde liegenden That-

[1] Der Entwurf sagte „auf Antrag eines Gläubigers", dies ist auf Antrag Goldschmidts von der Kommission zu der jetzigen Fassung umgeändert worden; vgl. Protokolle p. 131.

[2] So Petersen und Kleinfeller. — a. M. v. Völderndorff, Bd. II, p. 593, 594 u. 614.

[3] Vgl. Protokolle zu § 173, p. 112; vgl. auch p. 131 und 186.

sachen zu beweisen, d. h. dem Richter die volle, richterliche Überzeugung von der Wahrheit derselben zu verschaffen. Ist ihm dies nicht möglich, so hat der Richter auf Grund von § 67 K.-O.[1] die erforderlichen Ermittelungen von Amtswegen zu veranlassen und, wenn er auch so nicht zur vollen Überzeugung gelangt, den Vergleich zu verwerfen. Hieraus ergiebt sich, daß das Gericht an den von dem Antragsteller gerügten Mangel gebunden ist, also, falls sich dieser als unbegründet, wohl aber in Anlaß der nach § 67 K.-O. angestellten Erörterungen ein anderer wesentlicher Mangel des § 173 als begründet herausstellt, eine Verwerfung auf Grund dieses letzteren nur in dem Falle, daß der Antrag auf ihn erstreckt wird, aussprechen kann.[2]

Selbstverständlich ist das Gericht, falls sich bei Prüfung des Zwangsvergleichs einer der Verwerfungsgründe aus § 172 K.-O. ergiebt, nicht mehr an den Antrag gebunden, sondern kann nunmehr von Amtswegen den Akkord verwerfen.

III. Der Beschluß, durch den das Gericht die Bestätigung oder Verwerfung des Akkordes ausgesprochen hat, ist mit dem Rechtsmittel der sofortigen Beschwerde (§ 66 K.-O.)[3] angreifbar.

Das Recht der Beschwerde steht dem Gemeinschuldner und denjenigen nicht bevorrechtigten Konkursgläubigern zu, die zur Stellung des Antrages aus § 173 berechtigt sind, während dem Gläubigerausschuß und Konkursverwalter dasselbe nicht gewährt wird. Letzteren lassen die Motive zu gutachtlichen Äußerungen zu. Der zu Grunde liegende Gedanke ist, daß zu einer Anfechtung des Beschlusses nur die unmittelbar Beteiligten, die Parteien, zwischen denen der Zwangsvergleich abgeschlossen ist, und auf die er seine Wirkung äußert, berechtigt sein sollen. Für sie wird keine Beschränkung aufgestellt; es können nicht etwa die Gläubiger nur einen bestätigenden, der Schuldner nur einen verwerfenden Beschluß anfechten, sondern, falls sich ein Gläubiger durch die Verwerfung beschwert fühlt, da er sich von dem Vergleiche mehr Vorteil versprach, als von der Durchführung des Konkursverfahrens, steht seiner Beschwerde kein Bedenken entgegen, ebensowenig wie der Beschwerde des Schuldners in dem, wohl nur seltenen Falle, daß er der Ansicht ist, die Bestätigung verstoße gegen sein berech-

[1] Auf den Einwurf Goldschmidt's in der Kommission, § 67 stehe im allgemeinen Teil und das Zwangsvergleichsverfahren bilde gewissermaßen eine Ausnahme vom eigentlichen Konkursverfahren, erwiderte Regierungsrat Hagens, der Entwurf sehe das Vergleichsverfahren nicht als ein Ausnahmeverfahren, sondern als eine sehr wünschenswerte und jedenfalls regelmäßige Art der Beendigung des Konkurses an. Vgl. Protokolle p. 111.

[2] Vgl. Archiv für civilistische Entscheidungen 1884, p. 662 f.

[3] C.P.O. § 530—540.

tigtes Interesse, etwa weil ein anderer als der von ihm vorgeschlagene oder ein gegen seinen Willen modificierter Vergleich bestätigt sei. Auch durch ihre vorhergegangene Abstimmung sollen die Gläubiger nicht gebunden sein,[1] da sich sehr wohl das Interesse eines Gläubigers am Zustandekommen des Vergleiches nach der Abstimmung ändern oder er Thatsachen nachträglich erfahren kann, die ihn veranlassen, einen Vergleich, den er früher für wünschenswert hielt, nunmehr anzufechten, und umgekehrt. Eine einzige, logisch notwendige Ausnahme ist zu constatieren für den Fall, daß ein Gläubiger selbst den Antrag auf Verwerfung gestellt und das Gericht seinem Antrage entsprochen hat. Diesem wird man das Beschwerderecht abzusprechen haben, weil ihm ein Beschwerdegrund gegen den auf seinen Antrag erlassenen Beschluß nicht zur Seite steht.[2]

Bedingung für Zulassung der Beschwerde ist das Geltendmachen eines Beschwerdegrundes. Das Beschwerdegericht hat das Zustandekommen des Zwangsvergleiches und damit die Beschwerde selbst, genau wie das Konkursgericht, nach §§ 172, 173 K.-O. zu beurteilen. Es hat also auch, wenn der Beschwerdegrund aus § 173 entnommen ist, die Zulassung der Beschwerde von der Glaubhaftmachung der dieselbe begründenden Thatsachen abhängig zu machen, andernfalls sie von vornherein abzuweisen.[3] Im übrigen gelten für das Verfahren vor dem Beschwerdegericht die Bestimmungen der C.P.O. § 530—540 und natürlich auch § 67 K.-O.

Die zweiwöchentliche Notfrist, innerhalb deren die Beschwerde anzubringen ist, läuft von der Verkündung des angefochtenen Beschlusses an.

Da der Beschluß der zweiten Instanz im Falle der Anfechtung des Vergleiches erst die endgültige Bestätigung resp. Verwerfung desselben ausspricht, findet § 171 K.-O. auch auf ihn Anwendung. Es ist also, wenn auch eine mündliche Verhandlung vor dem Beschwerdegericht nicht stattzufinden braucht (§ 536 C.P.O.), doch der bestätigende resp. verwerfende Beschluß zu verkünden.[4]

Das Beschwerdegericht spricht das letzte Wort; gegen seine Entscheidung findet eine weitere Beschwerde nicht statt.[5] Die Mo-

---

[1] Bolivia, H.G.B. art. 581 und Niederlande, H.G.B. art. 845 entziehen jedem Gläubiger, der in der Gläubigerversammlung mit „Ja“ gestimmt hat, das Einspruchsrecht. Chile, H.G.B. art. 1472, spricht ausdrücklich auch solchen, die zugestimmt haben, das Recht zu, sich der Bestätigung zu widersetzen.

[2] So Petersen und Kleinfeller, p. 516. — v. Sarwey, p. 802.

[3] Teilweise a. M. v. Sarwey, p. 806, Nr. 6.

[4] a. M. Petersen und Kleinfeller, p. 516, No. III 1, 2.

[5] So auch die ausländischen Konkursgesetze. Das Argentinische H.G.B. art. 1623 fordert vor der Entscheidung über den Einwand die Einholung der Ansicht des öffentlichen Ministeriums.

tive begründen diese exceptionelle Bestimmung damit, daß die Anrufung weiterer Instanzen das Verfahren einer unverantwortlichen Verschleppung aussetzen würde, und daß eine zweimalige, erschöpfende Erörterung der Sachlage, und die Möglichkeit den bestätigten Zwangsvergleich wegen Betrugs oder betrügerischen Bankerotts anzufechten (§ 182, 183 K.-O.) die Unanfechtbarkeit der Entscheidung des Beschwerdegerichts gerechtfertigt erscheinen lassen. Die Bestimmung des § 174, 3 K.-O. bezieht sich, wie aus den Motiven hervorgeht, nur auf den den Vergleich bestätigenden oder verwerfenden Beschluß, sodaß aus einer anderen, nicht die Beschwerde gegen den Beschluß der ersten Instanz berührenden Entscheidung des Beschwerdegerichts, z. B. der Abweisung einer Beschwerde wegen mangelnder Glaubhaftmachung des Beschwerdegrundes des § 173, sehr wohl das Angehen der nächst höheren Instanz zulässig ist (vgl. § 531 C.P.O.).

Verstreicht die zweiwöchentliche Beschwerdefrist unbenützt, so wird die Bestätigung, und damit der Vergleich rechtskräftig. Der bestätigende Beschluß der zweiten Instanz ist unanfechtbar und daher sofort mit der Verkündung rechtskräftig. Eine vorläufige Vollstreckbarkeit, die der erste Entwurf in § 182 ausdrücklich für unzulässig erklärte, ist durch den Wortlaut der Konkursordnung (§ 175, 1) ausgeschlossen, da nach ihm erst nach rechtskräftiger Bestätigung die Aufhebung des Konkursverfahrens und damit die Vollstreckbarkeit des Vergleiches eintreten kann.

III. Wirkung und Aufhebung des Zwangsvergleichs.

§ 10. Die Wirkungen des bestätigten Zwangsvergleichs.

I. Die erste Wirkung des bestätigten Zwangsvergleiches und zugleich Vorbedingung für den Eintritt seiner übrigen Folgen ist die Aufhebung des Konkursverfahrens. Sie ist neben der Befriedigung der Gläubiger der Endzweck des Akkordes. Er zielt auf Beendigung des Konkursverfahrens und, sobald er rechtskräftig geworden ist, muß auch diese seine notwendige Folge eintreten. Ohne sie ist kein Zwangsvergleich denkbar, und so würde auch eine gegenteilige Bestimmung im Akkorde, oder eine solche, die die Aufhebung an Bedingungen knüpft, z. B. an die Erfüllung der von Seiten des Schuldners übernommenen Verpflichtungen, nichtig sein.[1]

[1] v. Sarwey, p. 804. — v. Völderndorff, Bd. II, p. 604, No. 3.

Allerdings knüpft die Konkursordnung die Aufhebung des Konkursverfahrens nicht ipso iure an die Rechtskraft des Akkordes,[1] sondern verlangt einen Beschluß des Konkursgerichtes, der unter Angaben des Grundes die Aufhebung öffentlich bekannt macht. Der Beschluß soll ergehen, „sobald" der Vergleich rechtskräftig bestätigt ist. Diese Ausdrucksweise des Gesetzes ist nicht ganz genau. An der Hand der Motive kommt man zu der Auffassung, daß „sobald" nur bedeuten soll, „ohne weitere Verzögerung, sobald die der Aufhebung notwendigerweise vorausgehenden Verfügungen getroffen sind." In dieser Beziehung steht der Akkord der Schlußverteilung gleich, wie schon aus der analogen Fassung der §§ 151 und 175 K.-O. zur Genüge hervorgeht. Wie nach vorausgegangener Schlußverteilung, sind auch hier, nachdem der Zwangsvergleich die Rechtskraft beschritten hat, „die mit Beendigung des Verfahrens in Zusammenhang stehenden Akte zu veranlassen."[2]

Dazu gehört vor allem die Schlußrechnung des Verwalters (§ 78 K.-O.).[3] Sie ist unbedingt erforderlich; sie kann zwar mit dem Vergleichstermin verbunden werden, in den meisten Fällen jedoch wird sie in einer eigens berufenen Gläubigerversammlung erfolgen. Dies liegt sowohl im Interesse der Gläubiger, wie des Schuldners, denen beiden Gelegenheit gegeben werden muß, ihre Einwendungen gegen die Schlußrechnung vor Aufhebung des Konkursverfahrens geltend zu machen.[4]

Ebenso verlangen die Motive l. c. vor der Aufhebung die Vornahme der in dem Vergleich bedungenen Sicherheitsmaßregeln. Die Preußische Konkursordnung § 199 forderte dies ausdrücklich und legte dem Verwalter die Sorge dafür auf. Diese Bestimmung hat die Konkursordnung nicht beibehalten, es ist demnach, da diese Maßnahmen nicht mehr zum Konkursverfahren gehören, sehr wohl denkbar, daß die Sicherstellung durch den Akkord einem anderen, als dem Konkursverwalter auferlegt wird, wenn auch das Umgekehrte die Regel bildet. Dagegen ist die Vornahme der Sicherstellungsmaßregeln auch nach der Konkursordnung noch unbedingt erforderlich, sofern sie im Akkorde ausgemacht worden ist.[5] Die zweite von der Preußischen Konkursordnung exemplificierend aufgeführte

---

[1] Anders die Preußische Konkursordnung, § 199, 2, die die Beendigung von Erledigung der von ihr ausdrücklich geforderten Sicherheitsmaßregeln abhängig macht, sie dann aber auch ihrerseits eintreten läßt.

[2] Motive II. E. p. 421.

[3] Abweichend Preußische Konkursordnung § 199, 1, 2.

[4] Nähere Ausführung s. Petersen und Kleinfeller, Kommentar zu § 78, p. 329, 330.

[5] S. wegen dieses Punktes oben § 4.

dem Konkursverwalter vor Aufhebung des Verfahrens obliegende Verpflichtung, die Regulierung der Masseansprüche und Berichtigung bez. Sicherstellung der bevorrechtigten Konkursforderungen, ist von der Konkursordnung ausdrücklich in § 176 ausgesprochen. Sie stellt als „gesetzliche Sicherheitsmaßregel" eine Pflicht des Konkursverwalters auf, da aber dieser mit Aufhebung des Konkursverfahrens selbst zu existieren aufhört, ergiebt sich als unabweisbare Folge, daß die Vornahme dieser Handlungen vor der Aufhebung des Konkursverfahrens erfolgen muß. Es kann also der Konkurs nicht aufgehoben werden, bevor der Konkursverwalter den ihm in § 176 auferlegten Verpflichtungen nachgekommen ist. Verzögert er dieselben über Gebühr, so kann er auf disziplinarem Wege dazu angehalten werden.[1] Die Massegläubiger können ihre Ansprüche an die Masse klageweise gegen ihn verfolgen. Er haftet ihnen für ihre Befriedigung und ist, falls er in eine Aufhebung des Konkursverfahrens vor Befriedigung resp. Sicherstellung der Massegläubiger willigt, persönlich haftbar für allen Ausfall, den die Massegläubiger dadurch, daß die Masse dem Gemeinschuldner wieder ausgeantwortet wird, erleiden. Der Anspruch nach § 176 steht naturgemäß nur denjenigen Gläubigern zu, deren Ansprüche rechtzeitig, d. h. noch bevor der Cridar die Verfügung über die Masse wieder erlangt hat, dem Konkursverwalter gegenüber erhoben worden sind.[2] Für später auftauchende Ansprüche haftet lediglich der Gemeinschuldner selbst, gegen den aber auch die rechtzeitig angemeldeten Forderungen ebensowohl, wie gegen den Konkursverwalter geltend gemacht werden können. Die bestrittenen Masseforderungen hat der Verwalter sicher zu stellen,[3] ebenso aber die bedingten und wohl auch die betagten, da der allgemein aufgestellte § 58 K.-O. für diesen speziellen Fall keine Anwendung leidet. Im Anschlusse hieran wird man sich der Ansicht nicht verschließen können, daß wenn auch §§ 17, 19 K.-O. für den Fall des Akkordes nicht anwendbar sind, doch auch den der Masse gegenüber in ein längere Zeit dauerndes Dienst- oder Sachmietverhältnis getretenen, und dadurch wenigstens gegen Gegenleistung zu Massegläubigern gewordenen Kontrahenten für die Gewährung

---

[1] So Endemann, p. 603. — v. Völderndorff, Bd. II, p. 604. — a. M. Kohler, p. 492 f., der anzunehmen scheint, das „Beschlagsrecht" könne im übrigen aufgehoben werden und bestehe lediglich weiter in Bezug auf die Masseschulden und privilegierten Forderungen. Vielleicht hat zu dieser Ansicht die Stellung des § 176 in der Konkursordnung Anlaß gegeben, der allerdings wohl seinen ihm zukommenden Platz hinter dem ersten Satze des § 175 hätte finden sollen.

[2] Vgl. die Praeclusion der Masseansprüche im Teilungsverfahren § 159, K.-O.

[3] Sicherstellung: § 101 C.P.O. oder durch Bürgschaft etc. eines Dritten.

der betreffenden Räumlichkeiten, für Zahlung ihres Lohnes etc. Garantie geleistet werden muß.[1]

Auch die bevorrechtigten Konkursforderungen werden vom Akkorde nicht berührt; auch sie verlieren demnach durch Aufhebung des Konkursverfahrens und Aushändigung der Masse an den Cridar jegliche Garantie für ihre Deckung. Es war also auch für ihre Sicherheit gesetzlich zu sorgen; daher bestimmt § 176 Abs. 2 K.-O., daß sie, soweit sie festgestellt sind, vor erfolgter Aufhebung berichtigt, und soweit sie wenigstens glaubhaft gemacht sind, sicher gestellt werden müssen. Der einzige Unterschied von der Behandlung der Masseschulden liegt darin, daß die bevorrechtigten Konkursforderungen, wenn sie bestritten werden, nicht schlechthin als solche, sondern nur wenn sie glaubhaft gemacht werden, sicherzustellen sind. Der Grund für diese Einschränkung ist in dem praktischen Gesichtspunkte zu suchen, daß andernfalls Jeder böswillig durch die vollständig aus der Luft gegriffene Geltendmachung einer angeblichen bevorrechtigten Konkursforderung den Abschluß des Akkordes in erheblicher Weise erschweren und verzögern könnte. Der § 176, 2 spricht schlechtweg von allen bevorrechtigten Konkursforderungen, einerlei, ob sie zur Zeit des Zwangsvergleiches angemeldet sind oder nicht. Die Praeclusionsfrist wird aus Billigkeitsrücksichten ebenso wie bei den Masseschulden festzustellen sein. Die nicht angemeldeten oder nicht geprüften, ebenso wie die überhaupt, oder die in Betreff des Vorzugsrechts bestrittenen Forderungen haben, sofern sie dem Konkursverwalter gegenüber glaubhaft gemacht werden, Anspruch auf Sicherstellung. Erkennt der Konkursverwalter die Forderung nicht als glaubhaft an, so kann der Gläubiger klageweise von ihm diese Anerkennung verlangen. Gelingt auch das nicht, so wird das Konkursverfahren aufgehoben und der Gläubiger kann seinen Anspruch nur noch mit einer Klage gegen den Gemeinschuldner verfolgen. Ebenso tritt nach erfolgter Sicherstellung die Aufhebung des Konkursverfahrens ein, und sind dann die bestrittenen Forderungen gegen den Gemeinschuldner einzuklagen[2] und event. aus der gerichtlich hinterlegten Kaution zu befriedigen. Das geschieht nicht durch den Konkursverwalter,[3] denn er wird mit Aufhebung des Konkursverfahrens jeglicher Verpflichtung ledig.

Zur Erledigung dieser Geschäfte muß dem Konkursverwalter oder dem in dem Vergleiche dazu Bestimmten von dem Gerichte

---

[1] Nähere Ausführung über diese Fälle s. v. Völderndorff, Bd. II, p. 605, 606.

[2] Preußische K.-O. § 199, Abs. 4.

[3] So v. Sarwey, p. 806, 4.

eine angemessene Frist gelassen werden. Nach Ablauf derselben wird die Aufhebung des Verfahrens ausgesprochen, und damit derjenige, durch dessen Schuld die Erfüllung der Sicherheitsmaßregeln unterblieben ist, für etwaige Ausfälle persönlich haftbar. Die Aufhebung wird wirksam, sobald die öffentliche Bekanntmachung erfolgt ist. Eine Anfechtung des aufhebenden Beschlusses findet nicht statt, dagegen kann das Gericht ihn, so lange er noch nicht publiziert ist, zurückziehen, später nicht mehr (§ 175, 1 K.-O). Die Vorschriften der §§ 104, 106 K.-O., betreffend die Eintragung in öffentliche Bücher, Register und Grundbücher[1], sowie dem Beschlusse der Kommission gemäß § 103, 2 K.-O., betreffend die auszugsweise Einrückung in den deutschen Reichsanzeiger, finden entsprechende Anwendung. Der Aufhebungsbeschluß des Gerichts hat, da er nach rechtskräftiger Bestätigung erfolgen muß, nicht die Natur einer Entscheidung; er ist lediglich die gesetzmäßige rechtliche Folge des Bestätigungsbeschlusses und reine Vollstreckungsmaßregel; denn, wie auch aus § 199 der Preußischen Konkursordnung hervorgeht, kann das Gericht gar nicht darüber verfügen, ob der Beschluß zu erlassen ist oder nicht. Daher braucht er auch nicht mit Gründen versehen zu werden.[2]

II. Ist das Konkursverfahren aufgehoben und die Aufhebung in der oben erwähnten Weise bekannt gemacht, so erhält der Gemeinschuldner die freie Verfügung über die Konkursmasse zurück, soweit nicht im Akkorde etwas anderes bestimmt ist (§ 177 K.-O.).[3] Dies ist eine ipso iure eintretende Folge des Aufhebungsbeschlusses, die einer besonderen Verfügung oder Bekanntmachung nicht bedarf. Die von der Reichskonkursordnung der Fassung der preußischen Konkursordnung hinzugefügte Beschränkung „soweit der Zwangsvergleich nicht etwas anderes bestimmt“, ist, wie bereits oben ausgeführt, nicht dahin auszulegen, daß die Verfügung von der Befriedigung aller Gläubiger abhängig gemacht werden kann, und bis diese erreicht ist, der durch die Eröffnung des Konkursverfahrens geschaffene Zustand fortdauern soll. Eine derartige Bestimmung würde mit dem eigentlichen Wesen des Akkordes im Widerspruche stehen, da sein Endziel die Aufhebung des Konkursverfahrens und damit die Rückgabe der Masse an den Schuldner bildet. Die Be-

[1] Die meisten ausländischen Gesetzgebungen fordern Eintragungen in das Handelsregister und Grundbuch, so Ägypten H.G.B. art. 335, 336, 338. Belgien art. 518 und a. m. Frankreich art. 490, 518 spricht nur von der Eintragung ins Grundbuch.

[2] a. M. v. Völderndorff, Bd. II, p. 602, 603.

[3] Die ausführlichen Bestimmungen der Preußischen Konkursordnung s. das. § 199, 3.

stimmung soll lediglich die Wahrung der den Gläubigern gebotenen Sicherheiten, wie Pfandbestellung, Überwachung des Schuldners in der Verfügung über die Masse etc. bezwecken, im übrigen wird vollständig der Zustand, wie vor der Eröffnung des Konkursverfahrens wieder hergestellt, nur mit den durch den Akkord fixierten Modifikationen. Es hat also in Zukunft der Schuldner die Masse, sein Vermögen, selbst gegen alle etwa noch streitigen oder noch auftauchenden Forderungen zu verteidigen. Der Konkursverwalter ist seines Amtes ledig, er braucht sich nicht mehr darum zu kümmern, ob der Schuldner seine Verpflichtungen erfüllt, sondern jeder einzelne Gläubiger muß nunmehr sehen, wie er zu seinem Gelde kommt, sei es, soweit er eine unbestrittene, festgestellte Forderung hat auf Grund des ihm durch den Akkord gewährten Vollstreckungstitels (§ 179 K.-O.), sei es auf dem Wege der Klage gegen den bestreitenden Schuldner.

III. Die Wirkungen des Akkordes für die Gläubiger, Mitschuldner und Bürgen des Cridars werden im allgemeinen durch § 178 K.-O. geregelt. Natürlich bestimmt in jedem einzelnen Falle der Inhalt des Akkordes seinen Einfluß auf die einzelnen Forderungen und lassen sich bei der großen Mannigfaltigkeit, die dem Inhalte eines Zwangsvergleichs eigen ist, allgemeine Regeln nur in sehr geringem Umfange aufstellen. Fast durchgängig wird durch den Akkord der Gemeinschuldner für den Teil seiner Schulden, der den im Zwangsvergleich versprochenen Betrag übersteigt, liberiert. Stets ist das der Fall beim Nachlaßvertrag, denn hier verzichten die Gläubiger definitiv auf den dem Schuldner nachgelassenen Betrag. Die Konkursordnung hat davon abgesehen, eine derartige Vorschrift aufzunehmen, da dieselbe, wie die Motive sagen, mit dem Inhalte des Zwangsvergleichs im Widerspruch stehen könnte und eine Bestimmung, wie sie die Preußische Konkursordnung § 198, 1 enthält, der zufolge der Cridar von der Ersatzpflicht für den Ausfall befreit ist „insoweit nicht das Gegenteil in dem Akkorde festgesetzt wird“, für überflüssig angesehen wird. Die Frage, ob eine natürliche Verbindlichkeit für den Schuldner übrig bleibt, richtet sich nach dem bürgerlichen Recht.[1] Im allgemeinen wird sie zu bejahen sein, wenigsten insofern als der vom Schuldner trotz des im Akkorde

[1] Argentinien, H.G.B. art. 1639 c: Auf Grund des Akkordes ist das Klagrecht der Gläubiger für denjenigen Anteil ihrer Forderungen, welchen man dem Gemeinschuldner erlassen hat, erloschen, wenn derselbe auch zu einem größeren Vermögen kommen, oder ihm irgend ein Überschuß aus dem Konkursvermögen bleiben sollte, außer, wenn eine ausdrückliche Gegenabmachung vorliegt. Ebenso Bolivia, H.G.B. art. 577.

gewährten Erlasses freiwillig gezahlte Betrag als eine Schenkung an den Gläubiger nicht zu betrachten ist.[1]

Die Konkursordnung beschränkt sich auf zwei allgemeine Regeln, sie bestimmt, welche Gläubiger von den Wirkungen des Akkordes betroffen werden und welchen Einfluß derselbe auf die Rechte dieser Gläubiger gegen Korreal-, Solidarschuldner oder Bürgen des Cridars haben soll.

1. Der Akkord ist wirksam für und gegen alle nicht bevorrechtigten Konkursgläubiger, auch wenn dieselben an dem Konkursverfahren oder an der Beschlußfassung über den Akkord nicht teilgenommen haben, ebenso natürlich für alle bevorrechtigten Gläubiger, soweit sie sich mit ihrem Ausfalle, oder unter Verzicht auf das Vorrecht mit ihrer ganzen Forderung an dem Akkorde beteiligt haben. Diese Bestimmung enthält den Kern eines jeden Akkordes; sie ist es, die dem Vergleich den Namen des Zwangsvergleiches giebt. Darin, daß auch die Gläubiger, die an der Abstimmung oder überhaupt an dem ganzen Verfahren nicht teilgenommen haben,[2] ebenso wie die, welche bei der Abstimmung über den Akkord in der Minorität geblieben sind, nolens volens durch den Akkord betroffen, also zur Teilnahme gezwungen werden, liegt das Wesen des Zwangsvergleiches.

„Allgemeinheit und Gleichheit sind die Grundlagen, auf denen die Natur des Zwangsvergleiches beruht."[3] Dieser Auffassung der Motive entspricht der erste Satz des § 178 K.-O. Ausgenommen von den Wirkungen des Akkordes sind außer Aussonderungs-, Absonderungs-, zur Aufrechnung Berechtigten (§ 46) und Massegläubigern, auch die Gläubiger des § 56 K.-O. Ihre Forderungen können im Konkursverfahren nicht geltend gemacht, also auch nicht durch dasselbe betroffen werden, sie sind keine Konkursforderungen. Die Folge ist eine, wie zugegeben werden muß, vom Gesetze wohl nicht beabsichtigte Bevorzugung dieser Forderungen; für den Akkord scheint dies jedoch lediglich die unabweisbare Folge der ihnen angewiesenen Ausnahmestellung zu sein.[4] Wäre es die Absicht des Gesetzes, diese Konsequenz nicht zu ziehen, so mußte das ausdrücklich gesagt werden; keinesfalls kann man Forderungen, die im Konkursverfahren nicht geltend gemacht werden können, schlechthin als Konkursforderungen bezeichnen und daraus ihre Zugehörig-

[1] Spanien, H.G.B. art. 905, verneint ausdrücklich die naturalis obligatio.

[2] Abweichend Österreichische Konkursordnung § 236. Gemeinrechtlich war dieser Punkt bestritten.

[3] Motive p. 166.

[4] So Petersen und Kleinfeller, p. 522, 283. — Stieglitz, p. 652. — v. Wilmowski, p. 449, 255. — Striethorst Archiv, Bd. XL, p. 308. — Endemann, p. 604. — a. M. v. Sarwey, p. 809, 2. — v. Völderndorff, Bd. II, p. 614.

keit zu § 178 K.-O. folgern.[1] Die Gläubiger des § 56 K.-O. brauchen sich also den durch den Zwangsvergleich bestimmten Abzug an ihren Forderungen nicht gefallen zu lassen, sondern können dieselben in vollem Umfange nach Aufhebung des Konkursverfahrens geltend machen. Ebenso ist natürlich eine Forderung, auf deren Geltendmachung im Konkurse der Gläubiger verzichtet hat, den Wirkungen des Zwangsvergleiches nicht unterworfen, es sei denn, daß das Abkommen unter § 168 K.-O. fällt.[2]

2. Die Rechte der Gläubiger gegen Korreal- oder Solidarschuldner wie gegen Bürgen des Gemeinschuldners werden von dem Zwangsvergleiche nicht berührt. Diese Frage war im gemeinen, ebenso wie im französischen Rechte bis zum Fallimentsgesetz, unentschieden und daher sehr kontravers.[3] Die Konkursordnung hat die Frage in Übereinstimmung mit dem französischen Fallimentsgesetz art. 545 und der Preußischen Konkursordnung § 198 in dem obigen Sinne entschieden. Die dieser Bestimmung zu grunde liegenden Gedanken sind in so klarer und erschöpfender Weise in den Motiven dargelegt, daß eine Verweisung auf dieselben hier genügen mag.[4]

Pfandbestellung fällt unter den Begriff der Mitschuld.[5] Der Besteller haftet nur mit dem Pfande, nicht wie der Bürge persönlich. Auch ihm gegenüber werden die Rechte der Gläubiger durch den Akkord nicht berührt, außer für den Fall, daß ein Pfandgläubiger die Akkorddividende auf seine Forderung als solche ohne Vorbehalt annimmt.[6] Hierdurch bewirkt er Tilgung seiner ganzen Forderung, hat sonach kein Recht mehr auf das Pfand. Er kann nicht die Vergleichsdividende von der ganzen Forderung beziehen und sich für den Rest am Pfande schadlos halten. Wenn er das Pfand behält, bekommt er Akkorddividende nur für seinen Ausfall, nachdem er sich aus dem Pfande befriedigt hat, nicht aber umgekehrt.[7] In der Mitwirkung beim Zustandekommen des Zwangs-

---

[1] So v. Sarwey, p. 809.

[2] So Bolze, Praxis des Reichsgerichts in Civilsachen Bd. VII, Nr. 1254.

[3] Die verschiedenen gemeinrechtlichen Ansichten sind ziemlich vollständig in den Motiven p. 169, 170 zitiert. Die herrschende war die u. a. von Windscheid vertretene Ansicht, die den Bürgen für befreit hielt, wenn der Gläubiger auch nur stillschweigend eingewilligt, nicht ausdrücklich dem Akkord widersprochen und nicht mit Übergehung des Gemeinschulders sich ausschließlich an den Bürgen gehalten hat. Der Pfandgläubiger braucht sich nach Windscheid, Bd. II, § 358 dem Beschlusse der Mehrheit nicht zu unterwerfen.

[4] Siehe Motive p. 169, 170, 1546, 1547.

[5] Entscheidungen des Reichsgerichts Bd. XX, p. 330.

[6] Entscheidungen des Reichsgerichts Bd. I, p. 183; Bd. V, p. 394; von Sarwey, p. 811.

[7] Entscheidungen des Reichsgerichts Bd. XVI, p. 70.

vergleichs liegt an sich kein Verzicht auf das Pfandrecht,[1] wohl aber in der vorbehaltlosen Annahme der Akkordrate für die ganze Forderung. Der Ausfall ist nachzuweisen, oder, falls ein Verkauf des Pfandes noch nicht stattgefunden hat, in seiner voraussichtlichen Höhe glaubhaft zu machen.[2] Das französische Recht[3] (Code de commerce art. 524, Fallimentsgesetz art. 517) legt dem Bestätigungsbeschlusse die Wirkung bei, den einzelnen Gläubigern den Anspruch auf eine Hypothek an den Immobilien des Schuldners zu geben, und zwar in dem Sinne, daß die bei Konkurseröffnung eingetragene allgemeine Hypothek[4] für die einzelnen Gläubiger erhalten bleibt. Zu diesem Behufe hat der Verwalter für Eintragung des Bestätigungsurteils in das Grundbuch Sorge zu tragen, außer wenn es anders im Akkorde bestimmt worden ist. Diese Form der Sicherstellung der Gläubiger ist von der Deutschen Konkursordnung nicht übernommen worden und zwar aus folgenden Gründen: eine derartige Kollektivhypothek zu ungenanntem Betrage und für ungenannte Personen würde den Prinzipien des modernen Hypothekenrechts und den civilrechtlichen Voraussetzungen einer gerichtlichen Hypothek widersprechen, und außerdem durch Verursachung großer Kosten und Weitläufigkeiten der Erfüllung, wo nicht schon dem Zustandekommen des Zwangsvergleichs hinderlich sein.[5] Die Konkursordnung (§ 180) hat, soweit die betreffenden Leistungen noch nicht fällig sind, die Hypotheken zu Gunsten einzelner Gläubiger an bestimmte Voraussetzungen geknüpft und zwar soll die Feststellung einer Forderung, wo nach den Landesgesetzen ein Urteil den Anspruch auf eine Hypothek an dem unbeweglichen Vermögen des Schuldners schafft, den Anspruch auf eine Hypothek nur begründen für den Fall des Vorhandenseins eines Arrestgrundes.[6] Es wird also expressis verbis die Hypothek für den Fall, daß die Leistungen noch nicht fällig sind, nur bei Vorliegen eines Arrestgrundes zugelassen. Ist die Leistung aus dem Vergleiche fällig, so ist dem Gläubiger die Möglichkeit, seine Forderung eintragen zu lassen auch

---

[1] Abweichend das französische Fallimentsgesetz art. 508 und ihm folgend Ägypten H.G.B. art. 328. Chile H.G.B. art. 1460.

[2] Entscheidungen des Reichsgerichts Bd. XXIII, p. 43.

[3] Fallimentsgesetz art. 517: L'homologation conservera à chacun des créanciers, sur les immeubles du failli, l'hypothèque inscrite en vertu du 3me paragraphe de l'article 490. A cet effet, les syndics feront inscrire aux hypothèques le jugement d'homologation, à moins qu'il n'en ait été décidé autrement par le concordat. Ebenso Ägypten H.G.B. art. 338. Chile H.G.B. art. 1480 u. a. m.

[4] Code de commerce, art. 500. Fallisementsgesetz art. 490.

[5] Vgl. Motive, p. 171, 172.

[6] C.P.O. § 797.

ohne Arrestgrund unbenommen, aber immer nur unter Berücksichtigung der Landesgesetze. Es kommt also hier, da § 133, 2 K.-O. der Eintragung in die Tabelle die Wirkung eines rechtskräftigen Urteils beilegt, lediglich darauf an, ob die Forderung festgestellt ist und die Landesgesetze an ein rechtskräftiges Urteil den Anspruch auf Eintragung einer Hypothek knüpfen.[1] Nach alledem ist allgemeine Voraussetzung der Eintragung, die Feststellung der Konkursforderung und der Umstand, daß nach der Landesgesetzgebung ein Urteil den Anspruch auf Eintragung begründet. Treffen diese beiden Voraussetzungen zu, so läßt die Konkursordnung eine Eintragung zu, sofern entweder die Leistungen aus dem Vergleiche fällig sind, oder ein Arrestgrund des § 797 C.P.O. vorliegt.

Abgesehen von diesen speziellen Vorschriften wird im übrigen die Zwangsvollstreckung gegen den Gemeinschuldner und diejenigen, welche neben ihm Verpflichtungen übernommen haben, durch § 179 K.-O. geregelt. Der bestätigte Zwangsvergleich als solcher ist kein Vollstreckungstitel im Sinne des Prozeßvergleichs des § 702 Z 1 C.P.O., da er kein Vergleich über das zu Recht Bestehen der einzelnen Forderungen ist. Die Vollstreckung findet vielmehr auf Grund der Feststellung der Forderungen in der Tabelle statt. Diese konstatiert das rechtliche Bestehen der Forderung, der Akkord bestimmt, in welchem Umfange sie Anspruch auf Befriedigung hat. Voraussetzung der Zwangsvollstreckung ist außerdem, daß die Forderung nicht von dem Cridar vor oder in dem Prüfungstermine ausdrücklich bestritten ist und daß der Gläubiger eine vollstreckbare Ausfertigung[2] in Händen hat. Er muß sich also analog den Anordnungen des § 152 K.-O. für die Schlußverteilung von dem Gerichtsschreiber einen vollstreckbaren Auszug aus der Tabelle, und eine ebensolche Ausfertigung des Bestätigungsdekrets ausstellen lassen. Diese letztere kann er natürlich erst erhalten, nachdem der bestätigende Beschluß die Rechtskraft bestritten hat.[3] Es wird sich empfehlen, die beiden Urkunden in eine zu vereinigen,[4] besonders aus dem Grunde, daß der Gläubiger sonst betrügerischer Weise die Ausfertigung des Tabelleneintrags, ohne die durch den Akkord ihm auferlegte Beschränkung, zur Betreibung der Zwangs-

---

[1] So Petersen und Kleinfeller, p. 526. — v. Völderndorff, Bd. II, p. 624. — Endemann, p. 607, 608. — v. Wilmowski, p. 454. — a. M. teilweise Kohler, p. 494. — v. Sarwey, p. 816.

[2] C.P.O. § 662 ff.

[3] § 174 K.-O.

[4] Petersen und Kleinfeller, p. 524, u. A. m. — Weiter geht Oetker, Grundbegriffe p. 438, 439, der die Verbindung in einer Urkunde unbedingt fordert.

vollstreckung benutzen und so den Schuldner zur Zahlung der vollen Forderung zwingen könnte. Ist eine Forderung vom Gemeinschuldner ausdrücklich bis zum Prüfungstermine bestritten, so bleibt dem Gläubiger nichts anderes übrig, als auf dem Wege der Klage gegen den Schuldner sich einen Vollstreckungstitel zu erkämpfen.[1] Wird die Forderung nur betreffs des Vorrechtes bestritten, so kann sie ganz gut mit der eventuell auf sie fallenden Akkorddividende berücksichtigt werden. Siegt der Schuldner, so ist die Forderung eben eine nicht bevorrechtigte, demnach zur Teilnahme am Akkorde berechtigt, und siegt der Gläubiger, so hat er als bevorrechtigt auf vorzugsweise, volle Befriedigung Anspruch, es kann also keiner der beiden Teile durch eine einstweilige Zahlung der Akkordrate benachteiligt werden. Ausdrücklich sagt das Gesetz „von dem Gemeinschuldner“, denn nunmehr, nach Aufhebung des Konkursverfahrens haben es die Gläubiger nur noch mit diesem zu thun. Ob die Forderung durch den Konkursverwalter oder die Gläubiger bestritten oder anerkannt ist, ist lediglich wichtig für die Zulassung zum Akkordverfahren, hat aber nach Aufhebung desselben, wenn der Cridar selbst wieder in Besitz der Masse gesetzt ist, keinerlei Bedeutung. Sofern nur der Schuldner eine Forderung anerkennt, kann also aus derselben die Zwangsvollstreckung nach § 179 betrieben werden, auch wenn die Forderung noch vom Konkursverwalter oder den Gläubigen bestritten ist, und umgekehrt ist eine Anerkennung dieser letzteren Faktoren einem Bestreiten des Cridars gegenüber wirkungslos.

Diese Vollstreckbarkeit des § 179 dehnt das Gesetz ausdrücklich auf diejenigen Personen aus, die sich neben dem Gemeinschuldner in dem Vergleiche für dessen Erfüllung verbürgt haben. Die gesetzliche Bestimmung ist nötig, da an sich in der Übernahme einer Bürgschaft für die Erfüllung des Akkordes keine Unterwerfung unter die Zwangsvollstreckung liegt. Die Bürgen gehen außerdem nunmehr jeden Anspruchs auf die ihnen im bürgerlichen Rechte vorbehaltenen Rechtswohlthaten[2] verlustig. Die einzige Ausnahme bilden diejenigen, welche sich die Einrede der Vorausklage ausdrücklich vorbehalten haben. Diese dürfen verlangen, daß, bevor sie in Anspruch genommen werden, der Gemeinschuldner durchexequiert werde. Ist dies geschehen, dann unterliegen auch sie der Zwangsvollstreckung des § 179,[3] denn durch den Vorbehalt

[1] So auch § 152 K.-O.

[2] Beneficium divisionis, excussionis.

[3] So v. Völderndorff, Bd. II. p. 622. — A. M. v. Sarwey, p. 814. — Fitting, das Reichskonkursrecht und Konkursverfahren. 2. Aufl. p. 375. — Petersen und Kleinfeller, p. 525, 2, die das Gesetz wörtlich interpretieren

der betreffenden Einrede werden sie nicht ganz von der Zwangsvollstreckung des § 179 frei, sondern erwerben lediglich den Anspruch auf die vorbehaltene Rechtswohlthat und diese besteht darin, daß vor ihnen der Schuldner durchexequiert werden muß.

Voraussetzung der Haftung der Vergleichsbürgen ist, daß die Forderungen, welche gegen sie vollstreckt werden sollen, zur Zeit des Abschlusses des Akkordes bereits festgestellt waren, da sie unter den Verhältnissen die Bürgschaft übernommen haben und ihnen nicht zugemutet werden kann, Forderungen sofort gegen sich vollstrecken zu lassen, von deren rechtmäßiger Existenz sie zur Zeit der Bürgschaftsübernahme noch gar nichts wußten.

§ 11. Anfechtung und Aufhebung des Akkordes. Wiederaufnahme des Konkursverfahrens.

I. Eine nachträgliche Anfechtung des rechtskräftig bestätigten Zwangsvergleiches läßt das Gesetz nur in einem Falle durch § 182 zu, und zwar „wenn der Zwangsvergleich durch Betrug zu stande gebracht worden ist.“ Die Motive[1] betonen ausdrücklich, daß nur aus den gewichtigsten, dem allgemeinem Interesse Aller entnommenen Gründen der Fortbestand des Vergleiches in Frage gestellt werden darf. „Eine Ungewißheit würde die Maßnahmen Aller lähmen.“ Sie schließen daher auch eine besondere Restitutionsklage im Sinne der C.P.O. dem Zwangsvergleiche gegenüber aus und lassen als Anfechtungsgrund nur „Betrug“ als Aufhebungsgrund nur „betrügerischen Bankerutt“ zu.[2]

„Betrug entkräftet jeden Vertrag und jedes Urteil.“[3] Auf Grund dieses Rechtssatzes hatte das Französische Recht und nach ihm u. A. die Preußische Konkursordnung die Nichtigkeitsklage gegen den Akkord einem jeden Gläubiger gegeben.[4] Sie schränken dabei

---

und demnach die Zwangsvollstreckung des § 179 gegen einen Bürgen, der sich die Einrede der Vorausklage vorbehalten hat, unter keinen Umständen für anwendbar erklären.

[1] S. Motive p. 172.

[2] Viel weitergehend das Englische Recht, das den Vergleich auf Antrag eines Gläubigers annulliert, und den Konkurs neu eröffnet, wenn der Vergleich nicht ordnungsgemäß erfüllt wird, oder wenn das Gericht die Überzeugung gewinnt, der Vergleich sei geeignet, die Gläubiger oder den Forderer in unnützer Weise hinzuhalten.

[3] Motive p. 173.

[4] Fallimentsgesetz art. 518: Dol découvert depuis cette homologation et résultant soit de la dissimulation de l'actif, soit de l'exagération du passif. Preußische Konkursordnung §§ 203, 204: „wegen Verheimlichung oder bei Seite Schaffung zur Konkursmasse gehörigen Vermögens, Erdichtung von Schulden oder ausschlaggebender heimlicher Gewährung oder Versprechen von besonderen

allerdings den Betrugsbegriff ein, gehen aber trotzdem, da sie die wichtigsten und häufigsten Fälle des Betruges aufzählen, in der ihm beigelegten Wirkung zu weit. Es ist unlogisch, einem einzelnen Gläubiger die Befugnis zuzusprechen, mit präjudicieller Wirkung für alle den Akkord anfechten zu können, denn im Akkordverfahren standen als Partei dem Schuldner alle Gläubiger zusammen gegenüber, nach der Aufhebung des Konkursverfahrens ist jeder Gläubiger dem Schuldner gegenüber selbständig. „Die Klage des Einen darf nicht bindend für Alle, weder die Hinfälligkeit, noch die Unanfechtbarkeit des Vergleiches zur Folge haben.“[1] Diesen Fehler hat die Preußische Konkursordnung[2] erkannt und versucht ihm abzuhelfen, indem sie bei Einleitung der Klage, Benachrichtigung der übrigen Gläubiger durch öffentliche Anzeige anordnet und diesen die Befugnis einräumt, in den Prozeß als Intervenienten einzutreten.

Die Konkursordnung hat aus dem oben angeführten Grunde in Verbindung mit der Erwägung, daß eine völlige Aufhebung des Akkordes leicht statt zum Schutze, zu einer Beschädigung der Gläubiger führen könnte, da sie dann auch der durch den Vergleich gewährten Vorteile verlustig gehen würden, von einer Nichtigkeitsklage überhaupt abgesehen. Dagegen giebt sie jedem einzelnen Gläubiger, der sich durch den Zwangsvergleich benachteiligt fühlt, das Recht, den Vergleich für seine Person wegen Betruges anzufechten.

Dies Recht steht jedem Gläubiger, nicht nur dem betrogenen zu, auch wenn derselbe sich an dem Vergleichsverfahren nicht beteiligt, oder in dem Abstimmungstermine für den Akkord gestimmt hat.

Ebenso ist es gleichgiltig, von wem der Betrug ausgegangen ist, ob von dem Gemeinschuldner oder von einem dritten am Abschlusse des Akkordes Interessierten.

Die Anfechtung geschieht entweder durch Feststellungsklage gegen den Cridar,[3] deren petitum lautet, festzustellen, daß der Zwangsvergleich durch Betrug zu stande gekommen, und daher der vom

---

Vorteilen an einzelne Gläubiger durch den Gemeinschuldner oder eine andere Person“, Schweiz. Bundesgesetz, Art. 316. Widerruf eines „auf unredliche Weise“ zustande gekommenen Vergleichs auf Antrag jedes Gläubigers.

Nichtigkeitsklage wegen Betrugs haben auch Ägypten, H.G.B. art. 341; Argentinien, H.G.B. art. 1629; Belgien, H.G.B. art. 522; Chile, art. 1485; Griechenland, art. 517; Italien, H.G.B. art. 842.

[1] Motive p. 173.

[2] Preußische Konkursordnung § 204 Abs. 2, 3.

[3] C.P.O. §§ 231,. 253.

Kläger dem Beklagten gewährte Erlaß ungiltig sei, oder indem der Gläubiger sofort gegen den Schuldner auf das Ganze klagt, oder wegen seiner ganzen festgestellten Forderung die Zwangsvollstreckung beantragt und der vom Schuldner vorgebrachten Einrede des, durch den Akkord gewährten Erlasses mit der Replik, daß der Vergleich durch Betrug zu stande gekommen sei, begegnet. Dringt der Gläubiger mit der Anfechtung durch, so ist der von ihm dem Schuldner bewilligte Erlaß aufgehoben, während die ihm durch den Vergleich gewährten Rechte unberührt bleiben. Er hat also auch die Möglichkeit in den ihm durch den Akkord bewilligten Betrag auf Grund von § 179 K.-O. sofort vollstrecken zu lassen. Auf den durch die Anfechtung wieder giltig gewordenen Teil der Forderung findet dagegen § 179 keine Anwendung.[1] Für ihn ist der Zwangsvergleich nicht vorhanden. Es kann demnach auch infolge des Wiederauflebens der betreffenden Forderung eine neue Zahlungsunfähigkeit resultieren, die aber nicht, wie im Falle des § 184 K.-O. eine Wiederaufnahme des alten, sondern die Eröffnung eines neuen Konkursverfahrens hervorruft.[2] Für den im Zwangsvergleich versprochenen Betrag bleiben natürlich auch Bürgschaften, von Dritten bestellte Pfänder, Hypotheken und andere Sicherstellungen in vollem Umfange bestehen, da der Gläubiger durch die Anfechtung keinen der aus dem Vergleich erworbenen Vorteile einbüßen darf, sondern lediglich die dem ungetreuen Schuldner gewährten Vergünstigungen aufgehoben werden sollen.

Der Begriff des „Betruges“ nach § 182 rief in der Kommission des Reichstages eine lebhafte Debatte hervor.[3] Der Abgeordnete Goldschmidt folgerte aus der Bestimmung, daß jeder Gläubiger zur Anfechtung berechtigt sein soll, die Notwendigkeit, den Begriff des Betruges strikte im Sinne des Strafgesetzbuchs aufzufassen. Demgegenüber wurde von anderer Seite (v. Vahl) die Ansicht vertreten, es sei „Betrug“ im Sinne der actio doli zu verstehen. Diese beiden extremen Auffassungen wurden vereinigt durch eine Erklärung des Abgeordneten Hullmann, der sich die Kommission einstimmig anschloß. Das Resultat war folgendes: An sich ist der Begriff des Betruges in der Konkursordnung als einem dem Civilrecht angehörigen Gesetze in der civilrechtlichen Bedeutung zu verstehen. Diese weicht von der strafrechtlichen nur ab hinsichtlich der rechtswidrigen, vermögensschädigenden Absicht und

---

[1] v. Völderndorff, Bd. II. p. 630, 631.
[2] v. Sarwey, p. 820.
[3] Vgl. Protokolle der zur Vorberatung der Konkursordnung gewählten Kommission des Deutschen Reichstags, p. 114, 115.

der verursachten Vermögensbeschädigung, da es fraglich ist, ob diese Merkmale für den civilrechtlichen Begriff genau ebenso zu formulieren sind, wie für den strafrechtlichen. In dem Falle eines betrügerisch zu stande gebrachten Akkordes kann nun aber ein Zweifel nicht entstehen, da stets als Ziel der rechtswidrigen Absicht der Abschluß des Zwangsvergleiches in Betracht kommt und die Vermögensbeschädigung ebenso unbedingt gerade in dem Zustandekommen desselben zu finden ist, da ja hierdurch der Gläubiger stets den erlassenen Rest seiner Forderung verliert. Daher ist, wie Reg.-Rat Hageus konstatierte, der besondere Nachweis einer Vermögensbeschädigung und einer Absicht des Betrügenden sich oder dem Gemeinschuldner einen rechtswidrigen Vermögensvorteil zu verschaffen, nicht erforderlich, es bedarf also lediglich des Nachweises, daß der Zwangsvergleich durch Erregung bez. Unterhaltung eines Irrtums zu stande gebracht worden ist, wenn auch ohne Zweifel der Begriff enger ist als der des § 173, 1. Diese Irrtumserregung muß aber für das Zustandekommen des Akkordes kausal gewesen sein, es genügt also nicht, wenn ein Gläubiger getäuscht worden ist, ohne oder gegen dessen Stimme der Akkord ebenso abgeschlossen worden wäre, sondern es muß durch die Irrtumserregung der Abschluß ermöglicht worden sein, es muß ein dolus causam dans, nicht nur ein dolus incidens vorliegen.

Nach Abs. 2 des § 182 K.-O. ist die Anfechtung nur zulässig, sofern der anfechtende Gläubiger ohne Verschulden außer stande war, den Anfechtungsgrund vor Abschluß des Bestätigungsverfahrens geltend zu machen.[1] Hat er die Möglichkeit gehabt, den Akkord mit der sofortigen Beschwerde anzufechten und dies versäumt, so ist die Anfechtung nach § 182 unzulässig.[2] Auch das absichtliche, wissentliche Nichtbeteiligen am Konkursverfahren oder am Vergleichstermine kann ein Verschulden enthalten, ebenso wie ein solches für den Vertretenen durch Nachlässigkeit des Vertreters[3] erwachsen kann.

II. Diesen persönlich wirkenden Anfechtungsgründen stellt die Konkursordnung in § 183 einen allgemein wirkenden Aufhebungsgrund in der Verurteilung des Gememeinschuldners wegen betrügerischen Bankerutts gegenüber.

Bevor auf diesen näher eingegangen werden kann, ist noch eine hierher gehörige negative Vorschrift des Gesetzes zu beachten.

---

[1] Vgl. § 545 C.P.O.

[2] Petersen und Kleinfeller, p. 529. — v. Völderndorff, Bd. II. p. 632.

[3] § 210 C.P.O.

Dasselbe konstatiert in § 181, daß wegen Nichterfüllung des Akkordes eine Klage auf Aufhebung nicht stattfindet.[1] Diese Bestimmung hat ihren Grund hauptsächlich darin, daß man ohne sie nach denjenigen Civilrechten,[2] die eine Klage auf Aufhebung eines Vertrages wegen Nichterfüllung allgemein zulassen, zu dem gegenteiligen Schlusse gelangen müßte. Da dies nun mit dem Sinne der Konkursordnung, welche möglichste Stabilität des bestätigten Akkordes anstrebt,[3] unvereinbar ist, wurde der Nichterfüllung ausdrücklich die Kraft, einen Aufhebungsgrund zu bilden, abgesprochen. Es bleibt den Gläubigern überlassen, die Erfüllung mit Hilfe von § 179 K.-O. zu erzwingen. Außerdem ist es ihnen unbenommen, in den Vertrag die kassatorische Klausel aufzunehmen.[4] Auch diese giebt jedoch keine Klage auf Aufhebung des Akkordes,[5] berechtigt auch nicht zur Wiederaufnahme des Konkursverfahrens, sondern läßt lediglich die Forderungen der Gläubiger in ihrem alten Umfange wieder aufleben und erschließt damit die Möglichkeit ein neues Konkursverfahren zu eröffnen.

Wie nach § 162, 2 und § 172, 2 K.-O. der Abschluß und die Bestätigung des Akkordes durch betrügerischen Bankerutt seitens des Cridars ausgeschlossen wird, so kann natürlich auch die nach der Bestätigung eintretende Verurteilung wegen desselben Verbrechens nicht ohne Wirkung auf den abgeschlossenen Zwangsvergleich bleiben. Diese Wirkungen werden von der Konkursordnung in den §§ 183—187 K.-O. geregelt. In § 183 wird die notwendige Konsequenz aus § 162, 2 und § 172, 2 gezogen. Diese ist nach den Motiven[6] „daß die nachträgliche Verurteilung des Gemeinschuldners wegen betrügerischen Bankerutts die Wirksamkeit des Vergleichs allgemein aufhebt.“ Auch hier wird aber an dem Prinzip des § 182 festgehalten. Die Wirkung ist eine Aufhebung des durch den

---

[1] Die meisten ausländischen Gesetze heben den Akkord auf Antrag wegen Nichterfüllung auf, so Ägypten, H.G.B. art. 342; Argentinien, H.G.B. art. 1631; Belgien, H.G B. art. 523; Chile, H.G.B. art. 1482; Frankreich, Fallimentsgesetz art. 520; Spanien, H.G.B. art. 906. Italien, H.G.B. art. 842 giebt der Akkordmajorität das Recht, Aufhebung wegen Nichterfüllung zu verlangen, ebenso Griechenland, H.G.B. art. 527, das außerdem aber jedem einzelnen Gläubiger freistellt, für seine Forderung Aufhebung zu verlangen. Diese letztere Folge knüpft auch das Schweizer Bundesgesetz art 314 an die Nichterfüllung.

[2] Code civil art. 1184 und die auf ihm beruhenden in Deutschland geltenden Gesetze.

[3] Vgl. Motive zum I. Entwurf p. 172 und II. Entwurf p. 426.

[4] A. M. Endemann, p. 606.

[5] A. M. v. Völderndorff, Bd. II. p. 626.

[6] S. Motive p. 174.

Akkord begründeten Erlasses für alle Gläubiger,[1] unbeschadet der ihnen durch den Vergleich gewährten Rechte, also auch in diesem Falle nicht, wie in vielen ausländischen Gesetzen,[2] die Nichtigkeit des Vergleichs. Allerdings tritt die Folge des betrügerischen Bankerutts ipso iure mit der rechtskräftigen Verurteilung des Gemeinschuldners ein. Es bedarf also keiner Anfechtung seitens der Gläubiger, keines Antrags, auch keines Ausspruchs des Gerichtes, sondern die Gläubiger können sofort nach eingetretener Rechtskraft des Urteils gegen den Cridar mit ihrer ganzen Forderung auf Grund der Tabelle vorgehen. Eine weitere Verschärfung liegt darin, daß die Wirkung dementsprechend für alle Gläubiger eintritt, es werden alle Beteiligten mit alleiniger Ausnahme des Cridars[3] von den durch den Akkord übernommenen Verpflichtungen frei, also auch Dritte, die zu Gunsten des Gemeinschuldners eine persönliche oder dingliche Verpflichtung in dem Akkord übernommen haben, sofern sie nicht etwa dadurch, daß sie schon vor dem Abschlusse von einer der Verurteilung zu Grunde liegenden Thatsache Kenntnis gehabt haben, doli participes gewesen sind.

Da der Gemeinschuldner durch den bestätigten Akkord wieder in den Besitz der Masse gelangt (§ 177 K.-O.) und demnach eine Vereitelung des nach § 184 wieder aufzunehmenden Verfahrens durch denselben zu befürchten ist, kann das Gericht auf Antrag eines Gläubigers Sicherheitsmaßregeln[4] gegen den Schuldner schon vor seiner rechtskräftigen Verurteilung anordnen (§ 183,2). Der Zweck dieser Bestimmung ist eine Sicherung der auf Grund der Verurteiluug möglichen Wiederaufnahme des Verfahrens, es ist daher die Stellung derselben in § 183 des Gesetzes eine ungeschickte;[5] sie würde ihren Platz besser nach § 184 gefunden haben. Voraussetzung der Anordnung von Sicherheitsmaßregeln ist der Antrag „eines Gläubigers“. Wenn nun auch sonst die Konkursordnung immer die Art der Gläubiger, um die es sich handelt, näher spezialisirt[6] und von „Gläubigern“ schlechthin nur in den Fällen spricht, in denen ein Zweifel nicht entstehen kann, ist es hier doch nicht ganz klar, ob unter „Gläubiger“ nur die Akkordgläubiger im

---

[1] So auch Dänisches Konkursgesetz § 123.

[2] Belgien, H.G.B. § 522; Preußische K.-O. § 202; Österreichische K.-O. § 241; Französisches Fallimentsgesetz art. 518; Ägypten, H.G.B. art. 341; Argentinien, H.G.B. art. 1629; Griechenland, H.G.B. art. 842 u. a. m.

[3] Motive p. 175.

[4] Vgl. K.-O. § 98.

[5] So Oetker, p. 199.

[6] Vgl. K.-O. §§ 160, 166, 168, 169, 173, 173, 178.

Sinne des § 183,1,[1] oder ob alle, also auch die bevorrechtigten Gläubiger darunter zu verstehen sind.[2] Mir scheint die Frage durch die auffallende, doch gerade deshalb offenbar absichtlich gewählte Stellung der Vorschrift in § 182 zur Genüge entschieden zu sein. In Absatz 1 ist nur von den am Akkorde beteiligten Gläubigern die Rede, wenn nun Absatz 2 von einem Gläubiger schlechtweg spricht, so widerspricht es der Ausdrucksweise der Konkursordnung im allgemeinen, wenn man dem Worte „Gläubiger" in Absatz 2 einen anderen Sinn beilegen will, als ihn Absatz 1 enthält.[3] Außerdem sind die bevorrechtigten und die Massegläubiger bereits auf Grund von § 176 abgefunden oder sichergestellt, so daß sie eines Schutzes nicht mehr bedürfen. Es ist also zum Antrage nur berechtigt, wer durch den Akkord betroffen wurde.

Das Gericht ist nicht an den Antrag gebunden, sondern kann auf alle Fälle, selbst wenn der Antragsteller nur eine bestimmte Sicherheitsmaßregel zu gunsten seiner speziellen Forderung beantragen sollte, über den Antrag hinausgehen und Maßregeln zum Schutze sämtlicher Gläubiger anordnen[4] (§ 98 K.-O.). Bei Anordnung von Sicherheitsmaßregeln steht dem Antragsteller der Weg der sofortigen Beschwerde offen, und zwar sowohl betreffs der rechtlichen Zulässigkeit, wie betreffs der Zweckdienlichkeit derselben.[5] Ebenso kann der Antragsteller die Entscheidung der Beschwerdeinstanz anrufen, wenn sein Antrag abgelehnt wird, und zwar auf Grund von § 66,3 K.-O. im Gegensatz zu § 98.[6] Die Sicherheitsmaßregeln können angeordnet werden schon vor der rechtskräftigen Verurteilung des Kridars wegen betrügerischen Bankerutts. Das Gesetz drückt sich absichtlich ungenau aus; es will keinen festen Punkt bestimmen, an den die Befugnis des Gerichts geknüpft sein soll, wie etwa in § 162,2 die Eröffnung des Hauptverfahrens,[7] sondern will es dem Ermessen des Gerichts überlassen, ob es vielleicht schon auf Grund einer sehr gravierenden Voruntersuchung (z. B. Geständnis des Beschuldigten) die betreffenden Anordnungen treffen, oder die Eröffnung des Hauptverfahrens abwarten will. Im Falle rechtskräftiger Freisprechung sind natürlich die angeordneten Sicherheitsmaßregeln sofort von Amtswegen

[1] So Petersen und Kleinfeller, p. 531, 532, Endemann, p. 610.

[2] So Oetker, p. 199.

[3] A. M. Oetker a. a. O.

[4] A. M. Hullmann, Die Konkursordnung nebst dem Einführungsgesetz. Nördlingen 1879. p. 333, No. 3.

[5] So die allgemeine Meinung. Unrichtig Oetker, p. 200.

[6] A. M. nur Oetker a. a. O., Endemann, p. 610, Filting, p. 377.

[7] Motive, p. 175.

wieder aufzuheben. Die Kostenbestimmungen für Anordnung von Sicherheitsmaßregeln s. G.K.G. § 58,2.

III. „Aus dem auf Grund von § 183 erfolgten Wegfall der durch den Akkord gewährten Freigabe der Gemeinmasse an den Schuldner folgt die Wiederaufnahme des Konkursverfahrens[1]". Da nun aber sehr wohl der Fall denkbar ist, daß die Gläubiger auch ohne Wiederaufnahme des Verfahrens Befriedigung ihrer Forderungen erreichen können, und da außerdem die Wiederaufnahme nur eine Maßregel im Interesse der Gläubiger ist, macht die Konkursordnung § 184,1 dieselbe von dem Antrage „eines Konkursgläubigers" (K.-O. § 95) abhängig.[2] Es ist in dem Worte „Konkursgläubiger" zur Genüge zum Ausdrucke gebracht, daß nur solche Gläubiger zur Antragstellung berechtigt sind, die bereits an dem alten Konkursverfahren teilgenommen haben,[3] denn die nach Aufhebung desselben entstandenen Forderungen sind keine Konkursforderungen, ihre Inhaber daher wohl Gläubiger des Gemeinschuldners, nicht aber Konkursgläubiger. Denselben steht natürlich frei, ihrerseits nach K.-O. §§ 94 ff. die Eröffnung eines neuen Konkursverfahrens zu beantragen. Dann müssen jedoch sämtliche Voraussetzungen einer erstmaligen Konkurseröffnung vorliegen. Hieraus entsteht die Frage, wie zu entscheiden ist, wenn auf Antrag der neuen Gläubiger die Konkurseröffnung stattgefunden hat und darauf von den alten Konkursgläubigern die Wiederaufnahme des Verfahrens beantragt wird. Diese Frage wird besonders wichtig, wenn die neue Konkurseröffnung von einem anderen als dem bisherigen Konkursgerichte ausgegangen ist. Es geht in diesem Falle das neu eröffnete Verfahren in das alte über. Das letztere ist das ältere und schließt demnach nach K.-O. § 64,2 das andere aus. Außerdem würde nach K.-O. § 190 das neueröffnete Konkursverfahren wegen Nichtvorhandenseins einer genügenden Masse einzustellen sein.[4]

Entsprechend den Vorschriften bei der Konkurseröffnung[5] wird auch für die Wiederaufnahme gefordert, daß genügende Masse vor-

---

[1] Motive, p. 185.

[2] Von Amtswegen setzen das Verfahren fort: Preußische Konkursordnung, § 206, Österreichische Konkursordnung, § 243, Französisches Fallimentsgesetz, art. 522, und die ihm folgenden Gesetze.

[3] So Endemann, p. 610, 611, v. Sarwey, p. 822, v. Wilmowsky, p. 458, a. M. v. Völderndorff, Bd. II, p. 634, 635, der „jeden, insbesondere jeden neuen Gläubiger" für legitimiert hält.

[4] So v. Sarwey, p. 822, Petersen und Kleinfeller, p. 532, a. M. Oetker I, p. 193 und, wenn auch unter Anerkennung der hier vertretenen Ansicht, v. Völderndorff, Bd. II, p. 634.

[5] K.-O. §§ 99, 190.

handen ist.[1] Ist dies nicht der Fall, so ist das Gericht zur Abweisung des Wiederaufnahmeantrags berechtigt. Zur Masse gehört nicht nur das frühere Vermögen des Kridars, sondern alles, was er zur Zeit der Wiederaufnahme besitzt (K.-O. § 1). Daher läßt die Konkursordnung auch die neuen Gläubiger zu dem wieder aufgenommenen Verfahren zu (vgl. K.-O. § 186,2). Einer besonderen Untersuchung der Zahlungsunfähigkeit bedarf es nicht, dieselbe braucht auch nicht glaubhaft gemacht zu werden, sondern wird, da es sich nur um Aufnahme des alten Verfahrens handelt, präsumiert. Die durch Beschluß des Gerichts zu verfügende Wiederaufnahme hat im übrigen die Wirkungen einer Konkurseröffnung, da das frühere Verfahren aufgehoben und der Kridar wieder in den Besitz der Masse gelangt ist, wenn auch immer mit Berücksichtigung des Umstandes, daß es sich um ein Wiederaufleben des alten Verfahrens handelt. Es kommen, wie das Gesetz ausdrücklich ausspricht, für den Zeitpunkt und die Bekanntmachung der Wiederaufnahme dieselben Bestimmungen wie für die Eröffnung (§§ 100, 103, 104, 106) zur Anwendung. Der abweisende, wie der dem Antrag stattgebende Beschluß (vgl. K.-O. § 101) können mit der sofortigen Beschwerde von dem Antragsteller resp. dem Gemeinschuldner angefochten werden. Die besondere Wiederaufnahmegebühr wird durch G.K.G. § 58,1 geregelt.

Da der Gemeinschuldner durch die Aufhebung des früheren Verfahrens die Verfügungsgewalt über sein Vermögen wiedererlangt hat, sind auch die von ihm in der Zeit bis zur Wiederaufnahme vorgenommenen Rechtshandlungen, sei es, daß sie sein Vermögen vermehren oder vermindern, an sich rechtsgültig. Anfechtbar sind dieselben nur nach den allgemeinen Vorschriften über die Anfechtung von Rechtshandlungen des Kridars vor der Konkurseröffnung.[2] Es wird auch hierin die Wiederaufnahme analog der Eröffnung behandelt, sodaß also der entscheidende Zeitpunkt der der Wiederaufnahme ist und ebenso an Stelle des Antrages auf die Eröffnung der auf Wiederaufnahme tritt. Eine abermalige Zahlungseinstellung wird nur in seltenen Fällen auf die Aufhebung des Konkursverfahrens folgen. Tritt sie ein, so ist sie natürlich, entsprechend den §§ 22—34, als maßgebender Zeitpunkt für die Anfechtbarkeit anzusehen. Stellt dagegen der Kridar seine Zahlungen nicht wieder ein, so muß vom Gesetze ein anderer Moment als dem der Zahlungseinstellung entsprechend supponiert werden.[3] Die Preußische Kon-

[1] Motive. p. 175.

[2] K.-O. §§ 22—34.

[3] Das Französische Fallimentsgesetz enthält eine Bestimmung in dieser Richtung überhaupt nicht. Vgl. art. 525.

kursordnung § 207 stellte hierfür den Eintritt der Nichtigkeit oder die rechtskräftige Vernichtung des Akkords auf. Dieser Zeitpunkt erschien „zu wenig erkennbar und zu spät", entsprach auch überhaupt nicht mehr den Prinzipien der Konkursordnung; es wurde daher an seine Stelle der Tag des ersten, die Verurteilung des Kridars wegen betrügerischen Bankerutts aussprechenden Urteils gesetzt (K.-O. § 185) und diese Bestimmung auch auf die inzwischen entstandenen Aufrechnungsbefugnisse[1] ausgedehnt.[2] Hieraus folgt, daß an sich Forderungen, die nach der ursprünglichen Konkurseröffnung entstanden und daher im ersten Konkursverfahren zur Aufrechnung nicht mehr zuzulassen sind, im wiederaufgenommenen Verfahren aufrechnungsweise geltend gemacht werden können, soweit sie nicht den Anfechtungsbestimmungen unterliegen.

Die Teilnahme der alten und neuen Gläubiger an dem wieder aufgenommenen Verfahren wird durch K.-O. § 186 geregelt. Nach § 183 wird durch die Verurteilung des Gemeinschuldners der Erlaß an den durch den Akkord betroffenen Forderungen hinfällig. Es leben daher die Forderungen in ihrem vollen Umfange wieder auf und können auch dementsprechend geltend gemacht werden. Selbstverständlich kann der Gläubiger das, was auf Grund des Akkordes bereits gezahlt ist, nicht noch einmal fordern, sondern muß es sich auf seine Forderung anrechnen, so daß also die Akkordgläubiger mit dem noch nicht getilgten Betrage ihrer ursprünglichen Forderungen an dem aufgenommenen Verfahren teilnehmen. So natürlich und selbstverständlich diese Bestimmung erscheint, so ist sie doch in der Konkursordnung zum ersten Male aufgestellt. Das Fallimentsgesetz, art. 526, und die Preußische Konkursordnung, § 204, enthalten zwar auch den Satz, daß die Gläubiger zur Rückzahlung in gutem Glauben empfangener Akkordbeträge nicht verpflichtet sind, bestimmen aber zugleich in art. 526 resp. § 208, daß, falls ein Gläubiger nur einen Teil der Akkordrate empfangen hat, er mit demjenigen Teile seiner Forderung auftreten kann, welcher sich zu der ganzen Forderung verhält, wie der noch rückständige Teil seiner Akkordforderung zu der ganzen akkordmäßigen Forderung, daß er demnach, falls er die volle Akkordrate erhalten hat, zur Teilnahme am aufgenommenen Verfahren nicht mehr befugt ist. Die Österreichische Konkursordnung, § 244, und die Novelle zur Preußischen Konkursordnung, § 208, erkannten diese Vorschrift als fehlerhaft und setzten an ihre Stelle eine ebensowenig folgerichtige Kollationspflicht der Gläubiger für die aus dem Akkorde

[1] K.-O. § 40.
[2] Vgl. Motive, p. 176.

empfangenen Beträge. Auch diese Bestimmung wurde von der Konkursordnung als unlogisch erkannt, da der Gläubiger die Zahlungen „nicht auf Grund eines nichtigen Titels — des Akkordes —, sondern auf Grund seiner wohlbegründeten Forderung empfangen hat“ (Motive, p. 177).

Ist für die Akkordraten Sicherheit bestellt, so sind die alten Gläubiger natürlich berechtigt, sich aus derselben bezahlt zu machen. Sie stehen hierin den neuen Gläubigern wie Absonderungsberechtigte gegenüber. Daraus, daß die Sicherheit für den Akkord gewährt worden ist, folgt, daß sie auch nur bis zur Höhe der Akkorddividenden ausgenutzt werden darf. Wird aus einem zur Sicherung des Zwangsvergleiches gewährten Pfande mehr erlöst, als die durch dasselbe zu sichernden Akkordansprüche betragen, so hat der Überschuß der Masse zuzufließen.[1]

Da der Gemeinschuldner nach Aufhebung des Konkursverfahrens wieder als voll verfügungsberechtigt über sein Vermögen zu gelten hat, muß das Gesetz natürlich auch diejenigen schützen, die sich mit dem auf Grund eines Akkordes wieder verfügungsfähig gewordenen Kridar in Rechtsgeschäfte eingelassen haben. Dies geschieht, indem auch ihnen, den neuen Gläubigern, die Teilnahme an dem wiederaufgenommenen Verfahren zugestanden wird (§ 186,2). Eine gegenteilige Bestimmung würde nach den Motiven „nicht nur dem Recht widersprechen, sondern auch den Kredit in bedenklicher Weise gefährden“, da niemand dem Gemeinschuldner auch nur den geringsten Kredit gewähren würde, wenn er befürchten müßte, für den Fall einer etwaigen Entdeckung eines betrügerischen Bankerotts mit seiner Forderung einfach auszufallen. Aus denselben Gründen würde auch eine Absonderung der zur früheren Masse gehörigen Stücke zu Gunsten der alten Gläubiger, selbst wenn sie praktisch durchführbar wäre, eine große Ungerechtigkeit enthalten.[2] Für die neuen Konkursgläubiger ist das aufgenommene Verfahren vollständig wie eine neue Konkurseröffnung zu behandeln, nur haben sie sich den aus § 187 entspringenden Folgen zu fügen. Insofern gilt auch für sie das neue Verfahren als eine Fortsetzung des alten. Außerdem bedarf es auch für sie eines Nachweises der Zahlungsunfähigkeit des Gemeinschuldners nicht, und können auch sie einen neuen Akkord mit dem Kridar nicht mehr abschließen.[3] Jedoch ist das letztere eine Konsequenz, mit der ein jeder, der sich mit einem bereits einmal Fallierten auf Geschäfte einläßt, rechnen muß. In betreff der

[1] Vgl. Petersen und Kleinfeller, p. 533, 534.
[2] Über Gebahrung mit den gestellten Sicherheiten s. o.
[3] Vgl. K.-O. § 162.

Zinsen und Kosten (K.-O. § 56,1, 2) stehen die früheren und die neuen Gläubiger gleich.[1]

Anlangend den modus procedendi in dem aufgenommenen Verfahren bestimmt § 187, 1 K.-O., daß eine Wiederholung der bereits im früheren Verfahren vorgenommenen Handlungen nur insoweit zu bewirken ist, als dies aus besonderen Gründen sich nötig macht. Einer Anmeldung bedarf es für die alten Gläubiger demnach nicht mehr, soweit sie wenigstens mit ihren alten Forderungen auftreten. Ist jemand zugleich alter und neuer Gläubiger indem er nach Aufhebung des alten Verfahrens eine neue Forderung gegen den Kridar erworben hat, so muß er die letztere wie jeder neue Gläubiger anmelden.[2] Neue Bestellung des Konkursverwalters und Gläubigerausschusses ist, soweit die alten noch zur Verfügung stehen, nicht erforderlich.[3] Dieselben haben ihre Thätigkeit von selbst wieder aufzunehmen, wie in dem alten Verfahren.

Welche Handlungen zu wiederholen sind, wird weitgehend davon abhängen, ob sich neue Gläubiger gemeldet haben und ob sich der Vermögensstand des Gemeinschuldners geändert hat. Im Allgemeinen wird man Folgendes als geltend anzusehen haben: Auf jeden Fall sind zu wiederholen: Erlassung des offenen Arrestes, Bestimmung der Anmeldefrist und Anberaumung eines allgemeinen Prüfungstermines (§ 102 K.-O.), ebenso die in §§ 103, 104, 106, 111 K.-O. vorgeschriebenen Bekanntmachungen und Sicherheitsmaßregeln. Außerdem hat der Verwalter die ihm obliegenden Geschäfte (Aufzeichnung des Inventars, Bilanz etc.) neu vorzunehmen, soweit ihm dies nicht durch das Fehlen neuer Gläubiger erspart wird. Schließlich wird sich auch meistens eine erneute Leistung des Offenbarungseides nötig machen (§ 115), da sich meist der Vermögensstand geändert haben wird.

Die Wiederholung der Prüfung bereits im früheren Verfahren geprüfter und festgestellter Forderungen hat nach § 187, 2 K.-O. nur stattzufinden, wenn behauptet wird, die Forderungen seien inzwischen getilgt worden. Es gilt also im allgemeinen für die alten Forderungen die frühere Tabelle und nur, wenn eine Forderung unter der Behauptung inzwischen erfolgter Tilgung (aus welchem Rechtsgrund ist einerlei) vom Konkursverwalter oder einem Gläubiger (§ 132 Abs. 1) bestritten wird, muß sie von neuem geprüft werden. Der Widersprechende hat den Widerspruch auf Grund von § 134 Abs. 6 K.-O. zu verfolgen und die behauptete Tilgung zu be-

[1] So Petersen und Kleinfeller, p. 534, v. Völderndorff, Bd. I, p. 639, der auch ein Beispiel anführt.

[2] So Endemann, p. 613. — Petersen und Kleinfeller p. 534.

[3] So die allgemeine Meinung a. M. v. Völderndorff, Bd. II, p. 641.

weisen, da nach § 133 Abs. 2 K.-O. die Eintragung in die Tabelle dem Betrage der Forderungen nach allen Konkursgläubigern gegenüber wie ein rechtskräftiges Urteil wirkt.[1] Ein Zwangsvergleich kann in dem wieder aufgenommenen Verfahren nicht mehr geschlossen werden (§ 162, 2), dagegen ist Einstellung auf Grund von § 188 zulässig.

Zusätzlich ist noch zu bemerken, daß für den Fall, daß ohne vorhergegangene Aufhebung aber vor Erfüllung des Zwangsvergleichs ein neuer Konkurs über das Vermögen des Kridars ausbricht, der Akkord und der in demselben gewährte Erlaß unverändert bestehen bleibt.[2] Es ist dies zwar im Gesetz nicht ausdrücklich gesagt, jedoch ist der Wille des Gesetzgebers hinreichend klar darauf gerichtet, daß aus anderen als den in §§ 182—187 aufgestellten Gründen an dem rechtskräftig bestätigten Akkorde nichts geändert werden soll. Es kann also in diesem Falle der Akkordgläubiger, der seine Befriedigung nicht angelegentlich genug aus dem Zwangsvergleiche betrieben hat, nur die Akkordquote als Forderung in dem neu ausgebrochenen Konkurse anmelden und nur von ihr die Dividende erhalten.

IV. Dogmatisches und Reformpläne.

§ 12. Die juristische Natur des Zwangsvergleichs.

Die rechtliche Natur des Zwangsvergleichs wird in der Litteratur verschieden gedacht. Es stehen sich gegenüber die Urteilstheorie einerseits, die Vertragstheorien andrerseits.

I. Die Urteilstheorie ist begründet durch Schultze.[3] Er sagt: „Der sogenannte Zwangsvergleich ist überhaupt gar kein Vertrag, mithin auch kein Vergleich, sondern er ist ein richterliches Urteil. Und zwar ein richterliches Urteil, welches den Konkursanspruch unter den in ihm selbst festgesetzten Modalitäten für erledigt erkennt."[4] Zu dieser Konstruktion ist er gelangt durch die Erwägung, daß ein Vergleich nur möglich, wo Vertragswille vorhanden, und

---

[1] Vgl. Petersen und Kleinfeller, p. 534. — v. Völderndorff p. 642.

[2] a. M. Preußische Konkursordnung § 209. Österreichische Konkursordnung § 245. Fallimentsgesetz art. 526, Abs. 2, die auch für diesen Fall die Bestimmungen über die Nichtigkeit des Akkordes zur Anwendung bringen.

[3] Schultze, das deutsche Konkursrecht in seinen juristischen Grundlagen. Berlin 1880, Abschnitt IX, p. 114 ff.

[4] Schultze, p. 120.

daß ein gezwungener Wille überhaupt kein Wille sei. Seiner Ansicht nach nötigt nicht die Mehrheit die Minderheit zum Abschlusse eines Vertrages, sondern die Staatsgewalt erkennt kraft Rechtens über die Ansprüche der Gläubiger, die Minderheit wird gezwungen, nicht durch einen ihr aufgedrungenen Vertragswillen, sondern durch Urteil, das auf der verfassungsmäßigen Gewalt des Richters beruht. Der Majoritätswille ist ihm nicht Vertragswille, sondern lediglich Erkenntnisquelle für den Richter, nichts als Material für seine causae cognitio; das „richterliche Urteil, welches auf teilweisen Erlaß erkennt"[1], ist keine Bestätigung eines Vergleichs, es bestätigt nicht durch Vertrag geschaffenes Recht, sondern es macht richterliches Recht.

Dieser Schultze'schen Theorie haben sich mit geringen Abänderungen Eccius[2] und v. Wilmowski[3] angeschlossen. Eine Mittelstellung nimmt v. Völderndorff[4] ein. Er erkennt die Schultze'sche Theorie als vollkommen zutreffend an, gesteht aber die praktische Unhaltbarkeit derselben zu, da die Konkursordnung „noch nicht" auf diesem Standpunkt stehe und daher die praktischen Entscheidungen nicht nach derselben getroffen werden könnten.

Es ist nicht zu läugnen, dass die Schultze'schen Ausführungen auf den ersten Anblick sehr bestechend wirken, bei näherer Prüfung aber ergiebt sich, daß seine Theorie nicht nur nicht „auch nach dem Rechte der deutschen Konkursordnung die einzig mögliche Auffassung"[5], sondern daß sie im Gegenteil mit der Konkursordnung gänzlich unvereinbar ist.

Schultze gelangt zu seiner Konstruktion indem er vom römischen Rechte ausgeht und zu beweisen sucht, daß schon die klassische Jurisprudenz, noch entschiedener aber die späteren Kaiserkonstitutionen den Zwangsnachlaß nicht als Vertrag, sondern als richterliches Urteil behandelt hätten.[6] Zur Unterstützung dieser Behauptung führt er eine einzige Stelle an, nämlich l. 58 § 1 D mand. 17, 1. Paulus verneint die Frage, ob die exceptio doli auf Grund des gewährten Nachlasses auch vom Bürgen des Schuldners dem Gläubiger entgegengehalten werden könne, wenn er in der Versammlung nicht anwesend war oder gegen den Nachlaß gestimmt hat, er bejaht sie, wenn der Gläubiger dem Vergleich ausdrücklich

---

[1] Schultze, p. 121.
[2] Förster-Eccius Theorie und Praxis des heutigen gemeinen preußischen Privatrechts Bd. I, § 120.
[3] v. Wilmowski. p. 426—427.
[4] v. Völderndorff, Bd. II, p. 527.
[5] Schultze, p. 129, Abs. 2.
[6] Schultze, p. 123.

zugestimmt hat; daraus folgert Schultze die Urteilsnatur des Vergleichs. Diese Folgerung ist vollkommen willkürlich und unhaltbar. Paulus sagt von dem zustimmenden Gläubiger „pactus videtur". Hieraus schliesst Schultze „nur hier bietet sich eine gewisse Analogie mit einem Pactum", dieser Gläubiger hat sich also verglichen; die übrigen handeln nicht dolos, wenn sie ihr Recht dem Bürgen gegenüber in vollem Umfange geltend machen, sind also durch das decretum praetoris, nicht durch den Zwangsvergleich gebunden. Wenn aber Paulus, wie Schultze behauptet, den Zwangsvergleich aus dem richterlichen Urteil herleitet, warum sagt er von dem einen Teil der Gläubiger „pactus videtur", d. h. er hat sich offenbar verglichen?[1] Es scheint mir im Gegenteil aus dieser Stelle hervorzugehen, daß Paulus in dem Zwangsnachlaß ein pactum sah. Unmöglich kann ein Teil der Gläubiger durch Vertrag, der andere durch das decretum gebunden sein. Wird daher von dem größeren Teil gesagt, „er hat sich offenbar verglichen" so ist der natürliche Schluß doch wohl der, daß die Gläubigergesamtheit sich vergleicht, und nicht, daß sie durch das decretum gezwungen werde. Die exceptio doli gründet sich nicht darauf, daß der Gläubiger dem Urteil vor oder nach seinem Erlasse zugestimmt hat, sondern darauf, daß er einen Vertrag geschlossen hat, und diesen durch Geltendmachen der ganzen Forderung, zu deren Herabsetzung er bereits freiwillig seine Zustimmung erteilt hat, verletzt. Ob eine Partei dem richterlichen Urteil zustimmt oder nicht, ist ein ganz indifferenter Vorgang, denn das Urteil beruht auf der verfassungsmäßigen Gewalt des Richters, nicht auf vorheriger oder nachträglicher Zustimmung der Partei. Würden die Gläubiger durch richterliches Urteil gezwungen, so könnte man mit Recht zu dem Schlusse gelangen, daß keinem die exceptio doli entgegenstehe. Sieht man dagegen im Zwangsvergleich einen Vertrag, so erklärt sich die Entscheidung des Paulus ganz einfach und natürlich. Der dolus ebenso wie die exceptio doli wirkt nur persönlich, es kann daher diese Einrede natürlich nur dem Zustimmenden entgegengesetzt werden, nur er handelt dolos, wenn er eine Forderung geltend macht, die er vorher vertragsmäßig aufgegeben hat. Der „Gezwungene" kann nicht dolos handeln, auch nicht, wenn er gegen einen Vertrag, zu dem er durch Majoritätsbeschluß genötigt worden ist, sein Recht als in vollem Umfange fortbestehend behandeln wollte. Die Entscheidung des Paulus beruht also einfach auf der persönlich wirkenden Natur der exceptio doli und bietet keinen Anhalt für eine Auffassung des

[1] Richtig Löhr, Über die rechtliche Natur des Zwangsvergleichs; in der Zeitschrift für Deutschen Civilprozeß. Bd. XVI, p. 366 ff.

Akkords als Urteil, bestätigt im Gegenteil die Vertragstheorie[1] Dies ist die einzige Stelle, auf die Schultze näher eingeht. Andere ihm unbequeme Stellen[2] fertigt er mit dem Bemerken ab, daß „Anklänge an die Vergleichsauffassung lediglich und auch nur selten in der Ausdrucksweise erscheinen", muß aber zugeben, daß sich „bei den klassischen Juristen die Wahrheit, daß es sich lediglich um ein richterliches Urteil, nicht um einen Vergleich handelt, noch nicht zur vollen Klarheit durchgebildet hat."

Dem gegenüber ist zu bemerken, daß sich das Institut des Zwangsnachlasses ganz unzweifelhaft aus einem pactum entwickelt hat[3], nämlich aus dem Vertrage des Erben mit den Gläubigern vor Antritt der überschuldeten Erbschaft[4], und nachträglich durch verschiedene Kaiserkonstitutionen[5] weiter ausgebildet worden ist. So wird denn auch in den Quellen stets von dem Institut als einem pactum gesprochen.[6]

Ebenso steht es mit dem von Justinian durch l. 8 Cod. qui bon. ced. 7, 71 festgestellten Zwangsstundungsvertrag. Diese Stelle entscheidet den Fall, daß die Gläubiger der vom Schuldner gestellten Alternative der Vermögensabtretung oder Gewährung einer quinquennii dilatio gegenüber untereinander uneins sind, in demselben Sinne, wie der oben erwähnte Zwangsnachlaßvertrag.[7]

Von diesen beiden Instituten völlig verschieden ist das dritte, das vom Princeps zu gewährende moratorium[8], das wie jedes Privileg seinen Grund in der Souveränität des Staatsoberhauptes hatte.

Diese Auffassung von der Verschiedenheit der drei Institute ist auch im gemeinen Recht die herrschende gewesen und wird durch die Behauptungen Schultze's in keiner Weise widerlegt.

Schultze sucht nun den gewonnenen Gesichtspunkt so gut es geht, der Konkursordnung anzupassen. Schon der seiner ganzen

---

[1] Man beachte übrigens zu l. 58 § 1 cit. Folgendes: Der Jurist rechtfertigt seine Entscheidung zu Gunsten des abwesenden Gläubigers aus der Billigkeit: „iniquum est conferri ei electionem, sicut pignus aut privilegium, qui potuit praesens id proclamare, nec desiderare decretum Praetoris." Es wirkt also um deswillen das Pactum nicht „in rem". Vgl. auch l. 7 § 19, l. 10 pr D de pactis.

[2] Schultze, p. 123, Anm. 3.

[3] S. o. Einleitung.

[4] l. 7 § 17 D de pactis 2, 14.

[5] rescriptum divi Pii und Marci.

[6] Eine Zusammenstellung der Quellenstellen findet sich bei Löhr a. a. O., p. 365, Anm. 102, der auch eine Widerlegung der Schultze'schen Auslegungen giebt.

[7] Ausführliche und zutreffende Auslegung der Stelle bei Löhr a. a. O., p. 367 ff.

[8] l. 4 Cod de prec 1, 19.

Ausführung als Grundlage dienende Satz[1], daß die Bestimmungen des §§ 169 ff dem freien Ermessen des Richters nach einer Seite hin eine und zwar rein negative Schranke setzen, indem sie ihm verbieten, ohne die gesetzlich bestimmte Majorität den Vergleich zu bestätigen, ihn aber keineswegs auch nur entfernt nötigen im Falle einer solchen Übereinstimmung auf den Nachlaß zu erkennen, ist falsch. Allerdings muß der Richter den Akkord für den Fall, daß die vom Gesetze verlangte Majorität erreicht ist, bestätigen. Die Konkursordnung setzt als wesentlichste und unumgängliche Voraussetzung für den Abschluß des Vergleiches (vgl. § 169) die Zustimmung der Majorität der Gläubiger voraus. Ist diese aber erzielt, so ist der Vergleichsvorschlag angenommen, und das Gericht muß, falls nicht einer der vom Gesetz ausdrücklich aufgestellten Verwerfungsgründe vorliegt, den Akkord bestätigen. Das Gericht ist also an die Willenserklärung der Gläubiger gebunden, es darf von Amtswegen nur in zwei speziellen und zudem noch äußerst selten vorkommenden Fällen, sonst dagegen nur auf Antrag den Vergleich verwerfen. Daraus geht klar genug hervor, daß es sich nicht um eine freie causae cognitio und ein ebenso freies Erkennen des Gerichts handelt, daß die Willenserklärung nicht lediglich informatorisch für den Richter sein soll, nicht nur Material für seine Beschlußfassung liefert, sondern daß sie die formelle, unumgänglich notwendige Unterlage für die Bestätigung bildet. Hätte der Mehrheitsbeschluß nur die ihm von Schultze zugedachte Bedeutung, so wäre es eine unlogische und willkürliche Bestimmung des Gesetzes, an ein nur zur Information dienendes Moment den Richter zu binden, es müßte ihm vielmehr unbedingt gestatten, auch auf Antrag einer vernünftigen Minderheit den Akkord zu bestätigen. Sehr oft wird sich die Vernunft, die Zweckmäßigkeit, Nützlichkeit u. s. w. auf Seiten der Minorität finden. Soll nun der Richter nach freier Erwägung für die eine oder andere Ansicht entscheiden, so ist der Schluß unabweislich, daß er einen Vorschlag der die Vernunft u. s. w. nicht auf seiner Seite hat, selbst wenn er von der vom Gesetze verlangten Majorität angenommen worden ist, nicht bestätigen dürfte, sondern von Amtswegen verwerfen müßte, dagegen andrerseits den von einer Minorität vorgeschlagenen vernünftigen und zweckmäßigen Akkord zu bestätigen hätte. Eine solche Entscheidung die lediglich die logische Folge der Schultze'schen Theorie wäre, würde aber in offenem Widerspruche mit der Konkursordnung stehen.

Diese Erwägung allein sollte m. E. genügen darzuthun, daß die Schultze'sche Theorie nicht nur nicht „auch nach dem Rechte der

---

[1] Schultze, p. 128.

deutschen Konkursordnung die einzig mögliche Auffassung" ist, sondern im Gegenteil mit den Bestimmungen des positiven Rechtes sich schlechterdings nicht vereinbaren läßt.

Es würde zu weit führen, alle Momente für die Unhaltbarkeit der Urteilstheorie näher auszuführen, daher sollen im folgenden nur einige der hauptsächlichsten kurz skizziert werden.

Ist, wie Schultze annimmt, der Zwangsvergleich das richterliche Urteil, welches den Konkursanspruch erledigt,[1] so findet der Konkursanspruch seine Erledigung erstens durch das Bestätigungsdekret und zweitens durch den Aufhebungsbeschluß des § 175. Das ist unmöglich.[2]

Wäre der Bestätigungsbeschluß ein Urteil, so müßte der Zwangsvergleich durch die rechtskräftige Bestätigung materielle Rechtskraftwirkung erhalten; dies geschieht nicht, da er nach § 182 anfechtbar ist und im Falle des § 183 sogar ipso iure aufgehoben wird.

Das Rechtsmittel der sofortigen Beschwerde (§ 174) ist mit der Urteilstheorie schlechterdings unvereinbar.

Die Konkursordnung, deren Vorbild das französische Fallimentsgesetz ist, hat die Bestimmung des art. 515 dieses Gesetzes, die dem Gericht gestattet, die Bestätigung zu versagen aus Motiven „tirés, soit de l'intérêt public, soit de l'intérêt des créanciers" in ihrer ersten Hälfte glatt gestrichen, in ihrer zweiten von dem Antrage eines Gläubigers abhängig gemacht. Warum thut sie dies, wenn ihr daran liegt, die freie causae cognitio des Richters zu unterstützen?!

Die Parteien, zwischen denen das „richterliche Urteil" entscheidet, sollen einerseits der Schuldner, andererseits die vom Akkorde betroffenen Gläubiger, also auch diejenigen, die nicht erschienen sind oder sich überhaupt am Konkurse nicht beteiligt haben, sein. Nun sind nach Schultze[3] die Gläubiger „qualifizierte Streitgenossen nach C.-P.-O. § 59, da es sich um ein Urteil über den Konkursanspruch handelt, über welchen nur einheitlich und mit verbindlicher Kraft für alle Gläubiger" entschieden werden kann. Diese Erklärung genügt zwar, um die Wirkung der Entscheidung über den Konkursanspruch für alle Gläubiger zu erklären, das Urteil entscheidet aber doch nicht nur über den Konkursanspruch, sondern auch über die Konkursforderungen.[4] Den Beweis für seine

[1] p. 120, 126.

[2] Das Nähere zu dieser Frage vgl. Löhr, p. 340 ff.

[3] A. a. O. p. 126.

[4] So auch Löhr, p. 350 ff., der in Kap. IV seiner Abhandlung, p. 352 ff., auch den Beweis zu führen sucht, daß der Urteilsbegriff an sich bei Schultze ein vollständig unklarer, constitutives und declaratives Urteil mit einander ver-

Behauptung, daß auch die Konkursforderungen von dem richterlichen Urteil des Zwangsvergleichs ergriffen werden, bleibt Schultze schuldig, und zwar mit Grund, denn er läßt sich unmöglich führen.

Schließlich ist, wenn auch nur als äußerliches, so doch für die Auffassung des Gesetzes wesentliches Merkmal zu erwähnen, daß die Konkursordnung wohl nicht ohne Absicht ihre Ausdrücke so „übel gewählt"[1] hat, von „Zwangsvergleich", „Annahme durch die Gläubiger", „Bestätigung", „Beschluß" zu reden, während es ihr doch freigestanden hätte, eine der Schultzeschen Auffassung entsprechende Ausdrucksweise zu wählen, wenn sie nur auf dem Standpunkte der Urteilstheorie stände.

II. Im Gegensatz zu der Schultzeschen Theorie und in Übereinstimmung mit der gemeinrechtlichen Doktrin und der Auffassung der Motive steht die herrschende Meinung auf dem Standpunkte der Vertragstheorie. Man sieht in dem Zwangsvergleich einen Vertrag zwischen dem Kridar einerseits und den Gläubigern andererseits mit dem Endzwecke einer Aufhebung des Vermögensbeschlagnahme und Befriedigung der Gläubiger durch den Schuldner, gegen Freigabe seines gegenwärtigen und zukünftigen Vermögens. Dieser allen Vertragstheorien zu Grunde liegende Vertrag wird nun in verschiedener Weise konstruiert. Eine Kritik der einzelnen Ansichten würde zu weit führen, es mag daher genügen, die Hauptzüge derselben zu erwähnen.

Der Urteilstheorie am nächsten steht die Auffassung Oetkers.[2] Er sieht in dem Akkorde zwar ein Rechtsgeschäft, jedoch weder einen Vergleich, noch einen Nachlaß- oder Stundungsvertrag, sondern stellt einen Thatbestand, der aus drei Rechtsakten besteht, auf: Vorschlag des Gemeinschuldners, zustimmender Beschluß der Gläubigerversammlung und Bestätigung des Konkursgerichts. Die Verbindung dieser drei Rechtsakte ist der Zwangsvergleich. Die Gebundenheit der Gläubiger an den bestätigten Akkord beruht unmittelbar auf Rechtssatz. Es ist sonach der Zwangsvergleich ein

---

mengender sei. Löhr kommt zu dem Schlusse, daß, da eine Rechtsfeststellung im Zwangsvergleich zweifellos nicht zu sehen sei, derselbe höchstens ein Urteil im formellen Sinne sein könne. Aber auch eine Subsumption unter das formelle Urteil hält Löhr auf Grund der geschichtlichen Entwickelung des Akkordes für unrichtig, abgesehen davon, daß sie seiner Ansicht nach nur etwas über die Form, nichts über das Wesen sagt, und daher überhaupt keine Konstruktion enthält.

[1] Schultze, p. 135.

[2] Oetker, Konkursrechtliche Fragen. 2. Zwangsvergleich und Wiederaufnahme des Verfahrens. In der Festgabe der Rostocker Juristenfakultät zum 50jährigen Doktorjubiläum von Bernhard Windscheid. Rostock 1888. p. 30 ff. — Konkursrechtliche Grundbegriffe. Stuttgart 1891. Bd. I, p. 452 ff.

aus drei Willenserklärungen dreier gleichstehender Faktoren, des Gemeinschuldners, der Gläubigerversammlung und des Gerichts, zusammengesetztes Rechtsgeschäft, das seine rechtliche Wirkung unmittelbar vom Gesetze erhält. — Der schwächste Punkt dieser Konstruktion liegt darin, daß sie gar keine „Konstruktion" enthält. Eine Ableitung der rechtlichen Wirksamkeit eines Instituts unmittelbar aus dem Gesetze ist keine Konstruktion.

Eine der Oetkerschen Auffassung verwandte Konstruktion giebt Wieding.[1] Er sieht in dem Zwangsvergleich einen Vertrag zwischen dem Kridar und den nicht bevorrechtigten Konkursgläubigern. Die Wirksamkeit desselben auch auf widersprechende und nichtbeteiligte Gläubiger leitet auch er aus dem Gesetze ab. Dabei kann er sich nicht verhehlen, daß dieser Theorie nach der Akkord wenigstens für die nicht zustimmenden Gläubiger ein Judikat ist, sieht aber hierin kein Hindernis für die Vergleichsnatur desselben.

Petersen und Kleinfeller[2] konstruieren den Akkord als Vertrag zwischen dem Gemeinschuldner einerseits und den einzelnen Konkursgläubigern, welche zusammen die Mehrheit bilden, andererseits über die Befriedigung der Gläubiger, nicht über die Aufhebung des Konkurses. Letztere soll als gesetzliche Folge des Vertragschlusses eintreten. Die Gläubigerversammlung ist ebensowenig Kontrahent, wie die Gesamtheit der Gläubiger, da keine von beiden ein selbständiges Rechtssubjekt bildet. Die „Eigentümlichkeit" des Vertrages, daß er nicht nur zu Gunsten Dritter wirkt, sondern daß diese auch durch ihn in ihren Rechten beschränkt werden, obgleich sie ihn nicht geschlossen haben, macht die gesetzliche Bestätigung nötig. Die Wirkung für Dritte beruht auf dem Gesetz.[3]

Löhr[4] definiert den Zwangsvergleich als Vertrag zwischen dem Gemeinschuldner und den zustimmenden Konkursgläubigern und zugleich als Thatbestand mit gesetzlichen Folgen für die übrigen, nicht bevorrechtigten Konkursgläubiger und den Gemeinschuldner. Er nimmt eine Mehrheit von Verträgen an, und zwar so viele, als Forderungen annehmender Gläubiger vorhanden sind,[5] und sieht in der richterlichen Bestätigung eine gesetzlich vorgeschriebene Form. Ist der Vergleich zu Stande gekommen, so läßt auch Löhr die Folgen für die nicht zustimmenden Gläubiger durch Rechtssatz eintreten.

---

[1] In Holtzendorffs Rechtslexikon, Bd. III, Abt. 2, p. 1487.

[2] Petersen und Kleinfeller, Kommentar zur Reichs-Konkursordnung, 3. Aufl., p. 489 ff.

[3] p. 490, Anm. 1.

[4] Löhr in Buschs Zeitschrift, Bd. XVI, p. 387 ff.

[5] p. 391.

Alle diese Konstruktionen nehmen, um die Einwirkung des Vergleichs auf alle nicht bevorrechtigten Konkursgläubiger zu erklären, das Gesetz zu Hilfe, ohne dessen Vorschriften mit dem aufgestellten Begriff in Einklang zu bringen. Ihnen steht eine zweite Gruppe gegenüber, die den Akkord als Vertrag zwischen dem Kridar und der Gläubigerschaft definiert, also eine Vertretung der Minorität durch die Majorität aus verschiedenen Gründen annimmt.

So schließt nach Endemann, Fitting, v. Canstein die Majorität den Vergleich mit dem Kridar in Vertretung der dissentierenden oder nicht beteiligten Gläubiger; die Vertretung muß von der Minorität anerkannt werden, ist als eine gesetzliche zu bezeichnen.[1]

Dernburg und Meves[2] nehmen eine Gemeinschaft zwischen den Gläubigern an und leiten aus dieser die Vertretung der Majorität durch die Minorität ab.

Kohler[3] sieht in dem Vergleich einen Vertrag zwischen den Gläubigern als Einzelnen und dem Kridar. Eine Vertretung der Gläubiger lehnt er ab. Die Wirkung des Vergleichs auf die nicht Zustimmenden folgt aus der Natur des Akkordes als prozessualischer Vertrag. Der Prozeß der mehreren Beteiligten ist ein einheitlicher, das Beschlagsverhältnis ein einheitliches, daher muß auch der Lösungsvertrag ein einheitlicher sein.

Schon aus dem oben bei der Besprechung der Schultzeschen Theorie Gesagten geht hervor, daß die richtige Auffassung die ist, welche im Zwangsvergleich kein richterliches Urteil, sondern in Übereinstimmung mit den Motiven und dem Gesetze einen Vertrag sieht. Er ist ein Vertrag zwischen den stimmberechtigten Gläubigern einerseits und dem Schuldner andererseits mit dem Endzwecke einer Befriedigung der Gläubiger durch den Schuldner und einer Aufhebung der Vermögensbeschlagnahme gegen Freigabe des gegenwärtigen und zukünftigen Vermögens des Kridars. Die unumgängliche Voraussetzung für den Abschluß dieses Rechtsgeschäftes ist eine vorher erzielte Einigung zwischen den Kontrahenten. Ist diese durch Annahme des Vorschlages seitens der Majorität im Vergleichstermin erreicht, so ist das Rechtsgeschäft abgeschlossen. Es muß nunmehr, nach Annahme des Vergleichs durch die Gläubiger, das Gericht,

---

[1] Endemann, Das deutsche Konkursverfahren, systematisch dargestellt, Leipzig 1889, p. 585. — Fitting, Das Reichskonkursrecht und Konkursverfahren, 2. Aufl., § 45. — v. Canstein in Grünhuts Zeitschrift, Bd. IX, p. 463.

[2] Dernburg, Lehrbuch des Preuß. Privatrechts, 4. Aufl., Bd. II, §§ 124 u. 114. — Meves, Die Konkursordnung, p. 170.

[3] Kohler, Lehrbuch des Konkursrechts, Stuttgart 1891, p. 452 ff.

falls nicht einer der vom Gesetz ausdrücklich vorgesehenen Verwerfungsgründe vorliegt, den angenommenen Vergleich bestätigen. Die Annahme der Offerte des Schuldners erfolgt also durch die Gläubigerschaft, und zwar insoweit, als dieselbe beim Akkord stimmberechtigt ist. Alle Gläubiger, die durch den Akkord gebunden werden, bilden eine gesetzlich organisierte Gemeinschaft, die ihre Beschlüsse auf Grund des Majoritätsprinzips faßt. Es konstituiert diese Form nicht eine juristische Person, nicht die Erscheinungsform irgend eines bestimmten bestehenden Rechtsinstitutes. Sie schöpft ihre Existenzberechtigung aus rein praktischen Motiven, ist als eigenartige Gemeinschaftsbildung aufzufassen. Sie hat ihre nächste Parallele in der Gläubigerschaft im Konkurse überhaupt. Wie diese eine organisierte Personenmehrheit ist, deren Organe nach dem Gesetze Gläubigerversammlung, Gläubigerausschuß und Konkursverwalter sind,[1] so ist im Akkordverfahren die Gesamtheit der nicht bevorrechtigten Konkursgläubiger eine durch das Gesetz organisierte Personengemeinschaft. Wie die Gläubigerschaft im Konkurse parteifähig ist, als „Prozeßpersonenverein" klagen kann,[2] ist die Gläubigerschaft im Akkordverfahren imstande, einheitlich als Gesamtheit zu handeln und über Vermögen ihrer Mitglieder zu verfügen. Sie ist nach der Konkursordnung auf Grund des Majoritätsprinzips organisiert; ihre Willens- und Verfügungsakte unterliegen den Beschlüssen der Majorität.

Sie hat ihre zahlreichen Analoga in allen den organisierten Personenvereinen, welche nicht juristische Personen, „Korporationen" sind, wie besonders der deutschen Genossenschaft. Die Genossenschaft ist ein vermögensunfähiges, aber verwaltungsfähiges Subjekt.[3] Darin unterscheidet sie sich hauptsächlich von der juristischen Person. Wie die Genossenschaft, ohne vermögensfähig zu sein, als Vermögensgemeinschaft mit Verwaltungsorganisation über einen „Vermögenskreis, das Genossenschaftsvermögen",[4] und zwar hauptsächlich durch Majoritätsbeschluß, verfügt, so ist die Gemeinschaft der nicht bevorrechtigten Konkursgläubiger zwar keine vermögensfähige juristische Person, verfügt aber als Gesamtheit durch Majoritätsbeschluß über die ihr „Genossenschaftsvermögen" bildenden Forderungen ihrer Mitglieder.

---

[1] So Wach, Handbuch, Bd. I, p. 590. — Kohler a. a. O., p. 388 ff., 422 ff. — Gierke, Deutsches Privatrecht, Bd. I, 1895 (Gemeinschaft zur gesamten Hand), p. 677 ff., 688.

[2] Wach a. a. O. — v. Canstein a. a. O., p. 471.

[3] Vgl. Sohm, Die deutsche Genossenschaft, in der Festgabe der Leipziger Juristenfakultät für Dr. Bernhard Windscheid, Leipzig 1888, p. 32 ff.

[4] Sohm a. a. O.

Das unter den Akkordgläubigern bestehende Verhältnis läßt sich sonach formulieren als eine auf praktischen Gründen beruhende Personengemeinschaft nach Art der deutschrechtlichen Genossenschaft, deren Organ die beschlußfähige Versammlung der Gläubiger bildet.

Zutreffend sagen die Motive[1]: „Die Gesetzgebung muß dem als sittlich und nützlich für Alle erkannten Willen der Mehrheit Anerkennung verschaffen, sie kann es um so mehr, als der Vorteil aus dem Beschlusse den Widersprechenden in gleichem Maße soll zu statten kommen, wie den Zustimmenden, als dieser Vorteil selbst denen zufließen soll, die an dem Verfahren nicht teilgenommen haben, welche daher bei einer Verteilung der Masse nichts erlangen würden: Gleicher Vorteil, gleicher Zwang." Durch die Eröffnung des Konkurses erhalten die Gläubiger ein gemeinschaftliches Interesse an der Beendigung desselben, so daß der einzelne seine Rechte auf Befriedigung aus der Masse nicht mehr selbständig und unabhängig von seinen Mitgläubigern geltend machen kann, sondern eine Gemeinschaft unter den Gläubigern entsteht, deren Bindeglied der gemeinsame Anspruch auf Befriedigung aus der Masse bildet. Wenn nun das Gesetz bestimmt, daß innerhalb dieser Gemeinschaft der stimmberechtigten Gläubiger für den Fall, daß ein Akkordvorschlag des Schuldners vorliegt, die Majorität über Annahme oder Ablehnung desselben entscheiden soll, so liegt darin kein unberechtigter Eingriff in die wohlerworbenen Rechte der Minderheit. Die in der Minderheit befindlichen Gläubiger sind genau so gut wie die die Majorität bildenden durch die Konkurseröffnung in ihren Rechten beschränkt, können ihre Forderungen nicht mehr frei geltend machen. Zu diesen Beschränkungen gehört denn auch u. a. die, daß jeder nicht bevorrechtigte Gläubiger es sich gefallen lassen muß, im Akkordverfahren, falls er in der Minorität bleibt, sich dem Majoritätsbeschlusse zu fügen. Keinesfalls giebt die Urteilstheorie eine bessere Lösung dieser Schwierigkeit, obgleich sie gerade darauf ihren Widerspruch gegen die Vertragstheorien aufbaut. Wo will der Richter das Recht herleiten, einen Teil der Gläubiger zu einem Erlasse an ihren wohlerworbenen Forderungen zu zwingen, wenn man nicht anerkennen will, daß die Gläubiger durch die Konkurseröffnung in eine sich gegenseitig beschränkende Gemeinschaft getreten sind?!

Die Mitwirkung des Gerichts beim Akkorde ist eine Art Oberkuratelthätigkeit. Sie erklärt sich lediglich aus dem öffentlichen, allgemeinen Interesse an der ordnungsgemäßen und möglichst schnellen Erledigung des Konkurses. Aus einer jeden Zahlungsstockung ent-

[1] Motive, p. 128.

stehen größere oder kleinere Verkehrsstockungen, die weitere Kreise in Mitleidenschaft ziehen; außerdem rechtfertigt allerdings auch der Umstand, daß die Minorität, wie auch die abwesenden Gläubiger an den Vergleich gebunden werden und demnach ein öffentliches Interesse daran besteht, leichtfertige, die Allgemeinheit schädigende Akkorde zu verhüten, eine Teilnahme der Obrigkeit an dem Zustandekommen des Rechtsgeschäftes. Aus denselben Motiven, aus denen das Gesetz die Vorsichtsmaßregeln der §§ 164, 168, 169, 182 und 183 aufstellt, fordert es auch für einen rechtsgiltigen Vergleich die Prüfung und Bestätigung des Gerichts. Das Gericht hat eine Art obervormundschaftliche Thätigkeit zu entwickeln, es soll lediglich darüber wachen, daß kein nach Ansicht des Gesetzes unzulässiger Akkord zu stande kommt. Die Thätigkeit des Richters beim Bestätigen eines Akkordes streift an die der freiwilligen Gerichtsbarkeit; sie ist ein ähnlicher Akt, wie die Genehmigung des Obervormundschaftsrichters zu einem Nachlaßverhör. Auch hier ist der Richter berechtigt, für den Fall, daß die Interessen der Minderjährigen nicht berücksichtigt worden sind, die Bestätigung zu versagen, deshalb wird aber niemand behaupten, daß das zwischen den einzelnen Erben durch den Nachlaßvertrag geschaffene Recht auf Richterspruch beruhe. Aus dem Gesagten geht zur Genüge hervor, daß in dem Zwangsvergleich ein Rechtsgeschäft zwischen dem Kridar einerseits und der Gesamtheit der stimmberechtigten Gläubiger andererseits zu sehen ist.

Es erübrigt nunmehr nur noch die Frage nach der Natur dieses Rechtsgeschäfts. Die meisten Schriftsteller, auch soweit sie Anhänger der Vertragstheorie sind, wollen in dem Akkord zwar einen Vertrag, nicht aber einen „Vergleich“ im Sinne der C.P.O. sehen. Petersen und Kleinfeller[1] fassen die gegen die Vergleichsnatur anzuführenden Gründe zusammen, indem sie sagen, der Akkord habe nicht den Zweck, eine bezüglich der Ansprüche der Gläubiger bestehende Ungewißheit zu beseitigen, da nur derjenige auf Grund desselben Ansprüche erheben könne, dessen Forderung zuvor festgestellt sei (§§ 160, 178 K.-O.) und lasse außerdem die zu den Essentialien eines Vergleichs gehörige Entgeltlichkeit vermissen, da der Gemeinschuldner nichts aufgebe, sondern nur gewinne. Damit sind die Gründe erschöpft, die gegen Natur des Akkordes als Vergleich geltend gemacht werden können.

Sie sind m. E. nicht stichhaltig. Es ist hier nicht der Platz auf die Natur des Prozeßvergleiches näher einzugehen, es mag daher genügen, in Kürze die gegen die Auffassung des Akkordes als Ver-

[1] p. 488 Nr. 3.

gleich vorgebrachten Einwürfe zu erledigen. Im Allgemeinen kann man den Prozeßvergleich definieren als ein auf Willenseinigung der Parteien beruhendes entgeltliches Rechtsgeschäft vor dem zuständigen Gerichte, durch welches unter Beilegung des zwischen den Parteien schwebenden Rechtsstreites das zwischen ihnen bestehende streitige oder sonst zweifelhafte Rechtsverhältnis endgültig festgestellt werden soll (§ 702, 1 C.P.O.). Es ist selbstverständlich, daß der Akkord nicht als gewöhnlicher Prozeßvergleich im Sinne der C.P.O. aufzufassen ist, sondern daß auf ihn nur im allgemeinen die Vergleichsprinzipien mutatis mutandis Anwendung finden können.

Es werden sehr häufig Prozeßvergleiche geschlossen, in denen der Beklagte unter Übernahme der Kosten verspricht, die volle nach Gang des Prozesses nicht mehr bestrittene Forderung des Klägers in Ratenzahlungen zu befriedigen. Hierbei giebt der Beklagte gar nichts auf, die Forderung steht fest, besteht der Kläger auf der Verurteilung, so muß diese erfolgen und der Kläger würde den durch den Vergleich nur ratenweise erlangten Vollstreckungstitel sofort durch vorläufig vollstreckbares Endurteil für das Ganze erreichen. Er weiß jedoch, daß der Beklagte zur sofortigen Tilgung der vollen Forderung nicht im Stande ist, und glaubt sicherer zu seinem Ziele zu kommen und auch in Ansehung der Kosten besser zu fahren, wenn er dem Beklagten Ratenzahlungen zugesteht. Ganz ähnlich liegt der Fall beim Akkord. Auch hier stehen die Forderungen der Gläubiger meist auf Grund der Tabelle fest, oder werden vielleicht erst nach Abschluß des Akkordes auf dem Wege der Klage gegen den Gemeinschuldner festgestellt. Die Gläubiger könnten das Konkursverfahren zu Ende treiben und ihre ganze Forderung dem Schuldner gegenüber geltend machen, sie ziehen es aber vor, einen Teil derselben aufzugeben, um wenigstens den Rest unter Garantie, sei es durch Sicherheitsleistung, sei es durch Bürgschaft Dritter zu erhalten. Auch hier giebt der Schuldner nichts auf, sondern gewinnt nur, aber auch die Gläubiger gewinnen in der angedeuteten Weise, sonst würden sie sich nicht auf den Akkord einlassen. Das ist der springende Punkt. Beide Teile profitieren durch das Rechtsgeschäft. Darin liegt die Entgeltlichkeit, nicht in dem Nachgeben seitens beider Teile.[1] Die übrigen Punkte der Definition treffen ohne weiteres zu.

An Stelle der Beilegung des schwebenden Rechtsstreits und der endgültigen Feststellung des zwischen den Parteien bestehenden zweifelhaften Verhältnisses tritt die Beendigung des Konkursverfahrens und die teils definitive, teils (für die noch nicht fest-

[1] A. M. Reichsgericht, Entscheidungen Bd. XX. p. 416.

gestellten Forderungen) hypothetische Feststellung der Befriedigungsmodalitäten.

Vorstehendes mag genügen zur Rechtfertigung der Definition des Akkordes als eines Vergleiches zwischen dem Cridar einerseits und der Gesamtheit der stimmberechtigten Gläubiger, vertreten durch die Majorität andererseits, über Befriedigung der Gläubiger durch den Schuldner gegen Freigabe seines gegenwärtigen und zukünftigen Vermögens und Aufhebung der Vermögensbeschlagnahme.

§ 13. Die Vorschläge zur Abänderung der Konkursordnung in Beziehung auf den Zwangsvergleich.

Die Ansichten über eine Umgestaltung der Konkursordnung sind geteilt. Während die Juristen im allgemeinen mit dem Gesetze zufrieden sind, ja es für eines der besten Reichsgesetze halten, wird von kaufmännischer Seite unaufhörlich auf Verbesserung desselben gedrungen. Es ist nun kein Zweifel darüber, daß binnen kurzem und zwar bei Gelegenheit der nach Inkrafttreten des Bürgerlichen Gesetzbuches unumgänglich notwendigen Revision des Handelsgesetzbuches eine Revision der Konkursordnung in vielen Punkten unvermeidlich sein wird[1] und daher würde eine sofortige Umgestaltung nur am Platze sein, wenn das Gesetz schreiende Übelstände hervorgerufen hätte. Das ist nicht der Fall. Im Gegenteil sind Juristen und Kaufleute darüber einig, daß das Gesetz sich im allgemeinen bewährt hat.[2]

Dennoch hat am 16. Nov. 1893 der Abgeordnete Dr. Rintelen im Reichstage einen stark unterstützten Antrag auf Abänderung der Konkursordnung eingebracht. Diesen Antrag hat der Reichstag in der 22. Sitzung vom 9. Januar 1894 einer Kommission von 21 Mitgliedern überwiesen, und diese hat in zwei Lesungen und 21 Sitzungen unter dem Vorsitze des Abgeordneten Dr. Rintelen über denselben beraten. Das Ergebnis der Beratungen der X Kommission des Reichstags war, soweit es den Zwangsvergleich anlangt, folgendes.[3]

Es soll die sofortige Vornahme folgender Änderungen dem Reichstage vorgeschlagen werden:[4]

---

[1] So der Vertreter der Regierungen in der X. Kommission Regierungs-Rat v. Jecklin. Vgl. Busch's Zeitschrift, Bd. XX., p. 247. — Kleinfeller, Antrag Rintelen, betr. die Abänderung der Konkursordnung. — Die Denkschrift zum Entwurf eines Bürgerlichen Gesetzbuchs § 365 bringt nichts Wesentliches.

[2] Makower, Zur Revision der Deutschen Konkursordnung in Busch's Zeitschrift, Band XX., p. 441.

[3] Drucksachen des Reichstags Nr. 278.

[4] Es ist im folgenden der Kürze halber nur die Fassung des Entwurfes

§ 162. Ein Zwangsvergleich ist unzulässig:

1. so lange der Gemeinschuldner flüchtig ist oder die Ableistung des Offenbarungseides verweigert;
2. so lange eine wegen Verfehlung gegen die Strafbestimmungen der Konkursordnung gegen den Gemeinschuldner eröffnete gerichtliche Untersuchung oder ein wiederaufgenommenes Verfahren anhängig ist;
3. wenn der Gemeinschuldner wegen betrüglichen Bankerutts rechtskräftig verurteilt worden ist.

§ 166. Der Vergleichstermin soll nicht über einen Monat hinaus anberaumt werden, der Termin ist öffentlich bekannt zu machen. Zu demselben sind die nicht bevorrechtigten Konkursgläubiger, welche Forderungen angemeldet haben, der Gemeinschuldner und der Verwalter, besonders zu laden.

In der öffentlichen Bekanntmachung, sowie in den, den Gläubigern besonders zuzustellenden Ladungen ist der Vergleichsvorschlag und das Ergebnis der Erklärung des Gläubigerausschusses mitzuteilen und zu bemerken, daß Inventar, Bilanz und Bericht des Konkursverwalters und die Erklärung des Gläubigerausschusses auf der Gerichtsschreiberei und die Geschäftsbücher des Gemeinschuldners bei dem Konkursverwalter zur Einsicht der Beteiligten offenliegen.

§ 169. Zur Annahme des Vergleiches ist erforderlich, daß

1. die Mehrzahl der in dem Termine anwesenden stimmberechtigten Gläubiger dem Vergleiche ausdrücklich zustimmt, und
2. die Gesamtsumme der Forderungen der zustimmenden Gläubiger wenigstens drei Vierteile der Gesamtsumme aller zum Stimmen berechtigenden Forderungen beträgt.

Bei diesen Mehrheitsberechnungen bleibt der Ehegatte des Gemeinschuldners und die Summe der dem Ehegatten des Gemeinschuldners zustehenden Konkursforderungen außer Betracht. Im Falle einer Rechtsnachfolge findet diese Bestimmung auf den Rechtsnachfolger des Ehegatten Anwendung, wenn die Rechtsnachfolge in den letzten zwei Jahren vor der Eröffnung des Verfahrens stattgefunden hat.

Wird nur eine der Mehrheiten erreicht, so kann der Gemeinschuldner bis zum Schlusse des Termins die einmalige Wiederholung der Abstimmung in einem neuen Termine verlangen. Das Gericht hat denselben zu bestimmen und im Termine zu verkünden.

---

die derselbe durch die Kommission erhielt, nicht die ursprüngliche Form des Antrages angegeben.

6*

§ 172. Der Vergleich ist zu verwerfen:

1. wenn die für das Verfahren und den Abschluß des Vergleichs gegebenen Vorschriften nicht beobachtet sind, und das Fehlende nicht ergänzt werden kann;
2. wenn ein Fall der Unzulässigkeit eines Zwangsvergleichs nachträglich eingetreten ist;
3. wenn in den letzten zehn Jahren vor der Konkurseröffnung der Gemeinschuldner sich schon einmal in Konkurs befunden hat oder die Konkurseröffnung gegen ihn wegen mangelnder Konkursmasse abgelehnt worden ist, sofern nicht der Gemeinschuldner lediglich ohne sein Verschulden in den gegenwärtigen Konkurs geraten ist.

§ 173. Der Vergleich ist auf Antrag eines nicht bevorrechtigten Konkursgläubigers, welcher stimmberechtigt war oder seine Forderung glaubhaft macht, zu verwerfen:

1. wenn der Vergleich durch Begünstigung eines Gläubigers oder sonst in unlauterer Weise zustande gebracht ist;
2. wenn der Vergleich dem gemeinsamen Interesse der nicht bevorrechtigten Konkursgläubiger widerspricht;
3. wenn der Vergleich den Gläubigern nicht mindestens fünfundzwanzig Prozent ihrer Forderungen, zahlbar längstens binnen zwei Jahren nach der Rechtskraft der Bestätigung des Zwangsvergleichs gewährt;
4. wenn der Gemeinschuldner ein zur Führung von Handelsbüchern verpflichteter Kaufmann und sein Geschäft nicht wenigstens durch zwei Jahre vor der Konkurseröffnung zurückgerechnet im Handelsregister eingetragen ist.

In den zwei letzten Fällen, sofern nicht der Gemeinschuldner lediglich ohne sein Verschulden in den gegenwärtigen Konkurs geraten ist.

Der Antrag ist in den Fällen unter Nr. 1, 2 und 4 nur zuzulassen, wenn die Thatsachen, auf welche derselbe gegründet wird, glaubhaft gemacht werden.

Alle diese Bestimmungen haben, wie auf den ersten Blick klar ist, das Ziel den Abschluß des Akkordes zu erschweren. Wie überhaupt der ganze Antrag Rintelen, beruhen sie auf dem Gedanken, es müsse das leichtfertige Konkursmachen eingeschränkt werden, da heutzutage durch die Erleichterung, die die Konkursordnung für den Eintritt in den Konkurs geschaffen habe, die Mehrzahl aller Konkurse ihre Ursache in Leichtsinn und Frivolität habe, und außerdem sehr häufig der Konkurs von gewissenlosen Schuldnern geradezu als Mittel benutzt werde, ihren zerrütteten Vermögensverhältnissen wieder aufzuhelfen, da dieselben nach dem Konkurse sehr oft reicher seien als zuvor. Diesen Übelständen, die übrigens von den Anhängern des Antrags entschieden übertrieben werden, suchen der Antrag und im Anschlusse an ihn die Kommissionsbeschlüsse durch einen besseren Schutz der Gläubiger, Erschwerung des Konkurses überhaupt und des Akkordierens im besonderen und durch strenge Strafen zu begegnen.

Es kann an dieser Stelle keine Kritik des ganzen Antrags gegeben werden, da das zu weit vom Thema abführen würde[1], dagegen sollen die Vorschläge, soweit sie den Zwangsvergleich betreffen, beleuchtet werden.

Der schwache Punkt der Konkursordnung, an dem die Umgestaltungsvorschläge einsetzen, ist, daß durch die Erleichterung des Akkordes der Konkurs für den Schuldner jeden Schrecken verloren habe. Der Zwangsvergleich gewähre ihm die Möglichkeit, durch Zahlung kleiner Bruchteile seiner Schulden der Gläubiger ledig zu werden und schließlich durch häufiges Bankeruttmachen und günstige Akkorde wieder in gute Vermögensverhältnisse zu gelangen. Hierdurch wiederum werde das leichtsinnige Kreditnehmen in einer Weise gefördert, die Treu und Glauben im Handelsverkehr untergraben müsse. Es ist nicht zu läugnen, daß diese Beschwerden, wenn auch nicht in vollem Umfange, doch in gewisser Weise berechtigt sind; dagegen ist der vom Antrag Rintelen verfolgte Weg, ihnen durch Erschwerung des Zwangsvergleichs abzuhelfen, nicht der richtige. Die sichere Folge der vorgeschlagenen Beschränkung würde sein, daß die außergerichtlichen Vergleiche und die Einstellungsanträge in demselben Maße zunehmen wie die Akkorde abnehmen würden[2], da Gläubiger und Schuldner in gleicher Weise ein Interesse an möglichst schneller und billiger Beendigung des Konkursverfahrens haben, und demgemäß, wenn ihnen der bisherige Weg aus Gründen übertriebener Moral und in unberechtigter Bevormundung der Gläubiger verschränkt würde, sich auf andere Weise zu helfen suchen würden. Man würde sich der richterlichen Kontrolle entziehen und demzufolge die Masse verschleudern, was weder im Interesse der Gläubiger noch des Schuldners liegt. So würden bisherige Übelstände nicht verbessert, sondern verschlimmert.

---

[1] Über die Unannehmbarkeit des ganzen Antrags siehe übereinstimmend. Makower a. a. O. p. 442 und in einer Broschüre: „Zur Revision der Konkursordnung, Berlin, Guttentags Verlagsbuchhandlung 1894." — Kleinfeller a. a. O. — teilweise a. M. Dr. Huber; die Umgestaltung des Konkurswesens, Stuttgart im Februar 1895.

[2] Vgl. Makower's Broschüre.

Zur Kritik der einzelnen Vorschläge ist Folgendes zu bemerken:

1. Die Unzulässigkeit des Zwangsvergleichs soll schon an die Eröffnung der Voruntersuchung wegen jeder Verfehlung gegen die Strafbestimmungen der Konkursordnung geknüpft werden. Die Kommission motivierte die Annahme dieses Vorschlags damit, daß häufig erst im Laufe des Strafverfahrens die inkriminierte Handlung sich als betrüglicher Bankerutt herausstelle und es vorkomme, daß inzwischen der Akkord bestätigt worden sei. Außerdem fordere das öffentliche Interesse, daß auch bei anderen Delikten, wie z. B. Unterlassung der Buchführung, leichtsinniges Wirtschaften auf Kosten der Gläubiger etc., der Zwangsvergleich ausgeschlossen werde. Es liegt auf der Hand, daß dieser Vorschlag nicht nur überflüssig ist (den wirklichen Gefahren wird zur Genüge durch die bereits vorhandenen Bestimmungen §§ 172, 2, 173, 2, 183 ff begegnet), sondern sogar das Interesse der Gläubiger schwer schädigen kann, da er ihnen die Möglichkeit eines günstigen Akkordes schon im Falle jedes geringen Verstoßes gegen die Strafbestimmungen der Konkursordnung etc. benimmt.

2. Die Bestimmungen in Abs. 2 des § 166 sind unwichtig. Es läßt sich weder für, noch gegen ihre Einführung etwas Erhebliches vorbringen, also lasse man es beim Alten.

3. Der in § 169 geforderte Ausschluß des Ehegatten von der Mehrheitsberechnung findet sich in manchen ausländischen Konkursgesetzen.[1] Diese Einschränkung wurde schon bei Einführung der Konkursordnung gefordert. Schon damals wurde behauptet, viele Schuldner sicherten sich die Majorität im Vergleichstermine durch die Forderungen von Verwandten, besonders des Ehegatten. Es mag zugegeben werden, daß dies vorkommt. Nichtsdestoweniger heißt es, „das Kind mit dem Bade ausschütten", wenn man, weil öfters durch Mitwirkung des Ehegatten unlautere Akkorde zustande kommen, diesen ganz ausschließen will.[2] Die Praesumption, daß sich ein Ehegatte zu Gunsten des andern Unredlichkeiten zu Schulden kommen lasse, ist eine völlig unberechtigte. Es ist dies eine grundlose Rechtsverweigerung den ausgeschlossenen Personen gegenüber, die außerdem konsequent durchgeführt zu großen Unzuträglichkeiten führen würde, da man logisch alle Rechtsnachfolger der Ehegatten ausschließen müßte. Die von dem Entwurf vorgeschlagene Beschränkung auf die Rechtsnachfolge in den letzten zwei Jahren vor

---

[1] Spanien H.G.B., art. 1154. Dänemark K.G. § 106. Schweiz, Bundesgesetz § 305. Im weitesten Umfange auf Verwandte ausgedehnt: Ungarn § 212, 2.

[2] a. M. Huber a. a. O., p. 33, der diese Beschränkung sogar mit Ausdehnung auf die nächsten Verwandten befürwortet.

der Konkurseröffnung ist völlig willkürlich. Außerdem wird den etwa vorkommenden Mißbräuchen in gerechterer und besserer Weise durch die bereits vorhandenen Anfechtungsbestimmungen (§§ 24 No. 2, 25 No. 2, 173 K.-O.) begegnet.

4. Der Antrag zu § 172, einen dritten Absatz aufzunehmen, der die Zulässigkeit eines Vergleiches im Falle eines wiederholten Konkurses davon abhängig macht, daß der Gemeinschuldner ohne sein Verschulden in den gegenwärtigen Konkurs geraten ist,[1] liegt nicht im Interesse der Gläubiger, da das Verschulden des Gemeinschuldners am Konkurse ein ganz unklarer Begriff ist, und die Bestimmung oft den Gläubigern die Gelegenheit zu einem günstigen Akkorde verschränken würde, ohne neben den bereits bestehenden Bestimmungen einen wesentlichen Nutzen zu bieten.

5. Ebenso ist die Bestimmung in § 173 unter Nr. 4 eine unpraktische Bevormundung der Gläubiger, die eben so gut zum Schaden wie zum Nutzen derselben gereichen kann, und deren Zweck besser durch die vorhandenen Bestimmungen der Konkursordnung erreicht wird.

6. Die wichtigste vorgeschlagene Änderung ist die durch den Zusatz unter Nr. 3 zu § 173 geforderte Einführung eines Minimalprozentsatzes für den Vergleich.[2] Dies würde ohne Zweifel ein radikales Mittel gegen den Abschluß von Akkorden zu geringen Prozenten bieten und damit vielleicht den Schuldner anstacheln, größere Dividenden zu bieten, oder doch, wie die Anhänger der Neuerung hoffen, seinen Konkurs anzumelden, so lange er noch in der Lage ist, seinen Gläubigern wenigstens 25 % anzubieten und nicht, wie das bisher ohne Zweifel oft geschieht, bis zum völligen Ruin herab zu wirtschaften. In der Hoffnung auf diese Vorteile haben verschiedene Konkursgesetze, wenn auch meist in einschränkenderer Weise als der Antrag Rintelen, diesen Weg eingeschlagen.[3]

Bereits bei Einführung der Konkursordnung hat man die Einführung einer Minimaldividende in Erwägung gezogen und mit Recht

[1] Eine ähnliche Bestimmung hat Dänemark K.G. § 101a. Österreichische Konkursordnung; Ungarische Konkursordnung § 200, 4.

[2] Huber a. a. O. vertritt diesen Vorschlag.

[3] Dänemark K.-G. § 106, Nordamerika fordern, falls der Akkord nicht mindestens 50 % bietet, eine verschärfte Majorität im Vergleichstermine. Schweden K.-O. § 104, 5, versagt die gerichtliche Bestätigung einem Akkorde, der nicht mindestens 50 % ergiebt, wenn nicht Gläubiger ausdrücklich erklären, auch mit weniger zufrieden zu sein. (Königl. Verordn. vom 5. VII. 84). Nur Ungarn K.-O. § 200 Nr. 5, macht die Einleitung des Verfahrens schlechthin davon abhängig, daß der Gemeinschuldner mindestens 40 % bietet.

davon Abstand genommen. Den oben genannten Vorteilen stehen so große Nachteile gegenüber, daß eine Umgestaltung in dieser Richtung höchst bedenklich erscheint. Kein Gläubiger ist gezwungen, für den Vergleich zu stimmen. Will man also überhaupt den Willen der gesetzlichen Majorität als Willen der Gläubigerschaft anerkennen, so muß man sich konsequent auf den Standpunkt stellen, wenn die Gläubiger einen mageren Vergleich annehmen, so geschieht das, weil sie sich von ihm immer noch mehr versprechen als von der Durchführung des Prozesses. Es ist nicht wahrscheinlich, daß ein Schuldner, nur um einen Akkord mit 25 % abschließen zu können, sich davon abhalten lassen wird, völlig ab zu wirtschaften. Wenn er einmal auf Kosten seiner Gläubiger leben will, wird er das auch ruhig fortsetzen, so lange es geht und auf den Akkord verzichten. Wird nun der Konkurs eröffnet, und würden die Gläubiger für den Fall eines Akkordes vielleicht noch 20 % erhalten, so sind sie gezwungen, auf alle Vorteile des Akkordes zu verzichten, das Verfahren zu Ende zu führen, und „im öffentlichen Interesse“ sich vielleicht mit 10 % zu begnügen. Daß hierin eine Bevormundung der Gläubiger liegt, die dem ganzen Institute des Zwangsvergleiches widerspricht, liegt auf der Hand.[1] Das Gesetz bietet den Gläubigern genügend Gelegenheit zur Prüfung der thatsächlichen Verhältnisse. Wollen sie dann doch einen Akkord zu geringen Prozenten abschließen, nun so hat man ihnen ihren Willen zu lassen.

Abgesehen von diesen inneren Gründen ist auch die Fixierung eines bestimmten Minimums schlechterdings nicht zu rechtfertigen. Es kommt viel zu sehr auf die Natur des einzelnen Falles an. Es kann der Fall eintreten, daß eine Dividende von 24 % in Ansehung der thatsächlichen Verhältnisse schon eine sehr hohe ist, während andrerseits dieselbe Quote, wenn z. B. der Gemeinschuldner reiche Verwandte etc. hat, die sich seiner annehmen könnten, sehr gering erscheinen kann.

Es ergiebt sich nach alledem, daß, wenn eine Umgestaltung der Konkursordnung auch in Beziehung auf den Zwangsvergleich wirklich wünschenswert erscheinen sollte, der vom Antrage Rintelen eingeschlagene Weg einer Bevormundung der Gläubiger und damit eines Eingriffs in ihre Rechte nicht der richtige ist. Eine definitive Entscheidung über den Antrag ist durch den Schluß der

[1] Diesem Übelstande würde auch die von Huber a. a. O. p. 32 vorgeschlagene ausnahmsweise Zulassung eines Vergleiches unter 25 %: 1. wenn das Handelsgericht ihn befürwortet, weil der Schuldner ohne sein Verschulden in Konkurs geraten ist; 2. wenn von sämtlichen Gläubigern die Bestätigung beantragt wird, nicht genügend abhelfen.

Session vor der zweiten Lesung im Plenum des Reichstags verhindert worden. Den einen Vorteil aber wird der Reformversuch haben, daß man bei einer etwaigen späteren Revision im Anschluß an die Einführung des Bürgerlichen Gesetzbuchs für das Deutsche Reich einen anderen Weg[1], als den des Antrags Rintelen wählen wird.

[1] In letzter Zeit werden vielfach Stimmen laut für den vom Schweizer Bundesgesetz 1892 wenigstens teilweise aufgenommenen Praeventivakkord. Man wird die Wirkung in der Schweiz abzuwarten haben, ehe man über dieses Institut, dessen teilweise grosse Vorzüge außer Zweifel sind, ein endgültiges Urteil abzugeben im Stande ist.

Ausgewählte Doktordissertationen
der
Leipziger Juristenfakultät.

Die Zuschiebung und Zurückschiebung des Eides an Dritte
nach der Reichszivilprozessordnung.

Von

Dr. jur. Paul Bach.

gr. 8. 1894. geh. 1 ℳ 60 ₰.

Über die Kollektivprokura.

Von

Dr. jur. Felix Bie.

gr. 8. 1894. geh. 1 ℳ 60 ₰.

Das objektive Verfahren nach dem Reichsstrafprozessrechte.

Von

Dr. jur. Max Friedländer.

gr. 8. 1895. geh. 2 ℳ 40 ₰.

Die Usance und Treu und Glauben im Verkehre.

Von

Dr. jur. Konrad Hagen.

gr. 8. 1894. geh. 1 ℳ 10 ₰.

Der Vergleich im Prozesse.
Eine historisch-dogmatische Untersuchung

von

Dr. jur. Paul Kretschmar.

gr. 8. 1896. geh. 3 ℳ.

Der Souveränetätsbegriff
bei den französischen Theoretikern,

von Jean Bodin bis auf Jean Jacques Rousseau.

Ein Beitrag zur Entwickelungsgeschichte des Souveränetätsbegriffes.

Von

Dr. jur. Max Landmann.

gr. 8. 1896. geh. 4 ℳ.

Die allgemeinen strafrechtlichen Begriffe nach Carpzov.

Von

Dr. jur. Adolf Lobe.

gr. 8 1894. geh. 1 ℳ 50 ₰.

Ausgewählte Doktordissertationen
der
Leipziger Juristenfakultät.

Die Umwandlung einer Aktiengesellschaft
in eine Gesellschaft mit beschränkter Haftung.

Von

Dr. jur. Paul Gerhard Müller.

gr. 8. 1896. geh. 1 ℳ 80 ₰.

Die Lehre von der Auslobung.

Von

Dr. Alfred Walter Oertel.

gr. 8. 1895. geh. 2 ℳ 50 ₰.

Die Civitas auf deutschem Boden
bis zum Ausgange der Karolingerzeit.

Ein Beitrag zur Geschichte der deutschen Stadt.

Von

Dr. jur. Siegfried Rietschel.

gr. 8. 1894. geh. 3 ℳ.

Über einige Ansprüche auswärtiger Staaten
auf gegenwärtiges Deutsches Reichsgebiet.

Von

Dr. jur. Bruno Schmidt.

gr. 8. 1894. geh. 2 ℳ 20 ₰.

Das Seedarlehen des Altertums.

Von

Dr. jur. Heinrich Sieveking.

gr. 8. 1893. geh. 1 ℳ 40 ₰.

Der Aufsichtsrat der Aktiengesellschaft.

Von

Dr. jur. Paul Tscharmann.

gr. 8. 1896. geh. 1 ℳ 40 ₰.

Der Centenar nach den karolingischen Kapitularien.

Von

Dr. jur. Alfred Weber.

gr. 8. 1894. geh. 1 ℳ 80 ₰.

Verlag von VEIT & COMP. in Leipzig.

ZUR

GESCHICHTE DER EHESCHEIDUNG

VOR GRATIAN.

Von

Dr. Heinrich Geffken,

Privatdozenten der Rechte an der Universität Leipzig.

gr. 8. 1894 geb. 2 ℳ 50 ₰.

INSTITUTIONEN DES RÖMISCHEN RECHTS.

Ein Lehrbuch

von

Dr. Rudolf Leonhard,

Professor in Breslau.

gr. 8. 1894. geh. 11 ℳ, geb. 12 ℳ.

LEHRBUCH

DER

DEUTSCHEN RECHTSGESCHICHTE.

Von

Dr. Richard Schröder,

o. ö. Professor an der Universität Heidelberg.

Zweite, wesentlich umgearbeitete Auflage.

Mit einer Abbildung im Text und vier Karten.

Lex. 8. 1894. geh. 20 ℳ, geb. in Halbfr. 22 ℳ.

PRAKTISCHE INSTITUTIONENÜBUNGEN

FÜR ANFÄNGER

zum akademischen Gebrauche und zum Selbststudium.

Von

Dr. Rudolf Stammler,

Professor an der Universität Halle a. S.

Mit acht Figuren im Text und zwei Rechtskarten

(Karte des im Deutschen Reiche geltenden Privatrechts und Karte der Gerichtsorganisation im Deutschen Reiche).

8. 1896. geb. in Ganzleinen 5 ℳ.

Druck von Metzger & Wittig in Leipzig.

FSC
www.fsc.org
MIX
Papier | Fördert
gute Waldnutzung
FSC® C083411

Kolibri 360 GmbH
Ferdinand-Jühlke-Straße 7
99095 Erfurt, Deutschland
produktsicherheit@kolibri360.de